Das Bielefelder Kochbuch

RADIO BIELEFELD

VERLAG FÜR DRUCKGRAFIK HANS GIESELMANN

Es liegt vor Ihnen: das erste Bielefelder Kochbuch!

„100 Prozent lecker"!!! Ganz herzlichen Dank!!

Denn nur mit Ihrem Geschmack und Ihrer Unterstützung haben wir es geschafft, dieses Arbeitsbuch auf den Markt zu bringen.

Anfang 2004 haben wir Sie im Programm von Radio Bielefeld dazu aufgerufen, uns Ihre Lieblingsrezepte zu schicken und die Resonanz war gewaltig.

Das Ergebnis ist schon etwas ungewöhnlich: Ein Buch ohne Inhaltsangabe und ohne fein sortierte Gliederung – mit nur wenig Farbe und wenigen Bildern. Aber dafür mit Ihren Rezepten: persönlich ausprobiert und unterschrieben. Ein Blick in die Bielefelder Kochtöpfe, ein echtes Bielefelder Arbeitsbuch: Handfest! Einfach! Alles quer Beet!
Es gibt auch ein paar leere Seiten. Die warten auf weitere Koch- und Backideen, geschmackvolle Verbesserungen oder kleine Ergänzungen.
Die Gebrauchsanleitung des „Bielefelder Kochbuches" ist ganz einfach: Man blättert es einfach durch und ... wo Magen und Gaumen leicht „frohlocken", wird das Rezept nachgekocht.
Für jeden Geschmack und jede „Kochstufe" ist etwas dabei. Ein Beispiel: Erny's „Nackte Nudeln" auf Seite 55 oder Pastor Friedrich Schophaus' „Salat nach Frau Antje". Aber auch so einmalige Geschmackserlebnisse wie Maja Oetkers „Schokoladenauflauf" auf Seite 58 oder Ingo Oschmanns Rezepte mit „Bielefelder Gold" finden Sie hier neben einer ganzen Fülle ungewöhnlicher Rezepte von Ihnen. Danke!

Ganz herzlich bedanken wir uns auch bei der Bielefelder Fleischer-Innung, die dieses Buch finanziell unterstützt hat und beim Verlag Hans Gieselmann, der uns mit Rat, Tat und Engagement zur Seite gestanden hat.

Gutes Gelingen und guten Appetit im Namen des Radio Bielefeld-Teams!

Martin Knabenreich
Chefredakteur Radio Bielefeld

Langsam gebratene Ente mit Ingwer, Salbei und Rhabarbersauce

Zutaten:

2 Barbarie Enten (je ca. 1,5 kg)
Salz und Pfeffer
250 g frischen Ingwer
2 lange Stangen jungen Rhabarber
2 Hand voll frischen Salbei (grob gehackt)
1 Knoblauchknolle (die Zehen ausgelöst und halbiert)
2 rote Zwiebeln (feingeschnitten)
2 Glas Marsala
300 ml Gemüse- oder Hühnerbrühe

Zubereitung:

Den Backofen auf 180 °C vorheizen. Die Enten innen und außen großzügig würzen. Die Hälfte des Ingwers und Rhabarbers grob hacken (wenn Sie keinen jungen Rhabarber bekommen, die Stangen evtl. vorher schälen) und in einer Schüssel mit der Hälfte des Salbeis, dem ganzen Knoblauch und den Zwiebeln vermischen und die Enten damit füllen. In einen Bräter legen und eine Stunde im Backofen braten.

Dann die Temperatur auf 150 °C reduzieren und weitere 90 Minuten braten, bis die Enten knusprig und weich sind. Während der gesamten Bratzeit müssen Sie das Fett ungefähr dreimal abschöpfen. Die Enten sind gar, wenn die Haut knusprig ist und die Keulenknochen leicht gelöst werden können.

Die gebratenen Enten auf eine vorgewärmte Platte legen. Gießen Sie alles Fett ab, das sich noch im Bräter befindet. Nehmen Sie die Füllung aus den Enten, gießen Sie den Fleischsaft ab und geben Sie alles in den Bräter. Erhitzen Sie diesen sanft, gießen Sie Marsala zu und lösen Sie den konzentrierten Bratensatz. Die Brühe zugießen und einkochen lassen, bis Geschmack und Konsistenz gut sind. Durch ein großes Sieb streichen. Mit einem Messer können Sie die Entenbrüste auslösen, die Keulen lassen sich mit den Händen lösen.

Auf Servierteller verteilen. Den restlichen Ingwer in feine Scheiben schneiden und in einer beschichteten Pfanne in etas Öl anbraten. Wenn er Farbe annimmt, den in feinen Scheiben geschnittenen restlichen Rhabarber zugeben und zusammen mit dem übrigen Salbei knusprig braten. Über die Ente streuen und mit der köstlichen Sauce beträufeln.

Mit freundlichen Grüßen,
Michael Zok aus Sennestadt

Apfel-Püfferchen

4 Eier
3-4 Essl. Zucker
500 gr Mehl
1 P Backpulver
1/4 l. Milch
125 gr. Rosinen oder ca 3-4 Äpfel

Eier und Zucker schaumig rühren. Mit Milch, Mehl und Backpulver zu einem glatten Teig mixen. Nach Geschmack Rosinen untermischen. Den Teig in handtellergroßen "Püfferchen" in einer Pfanne mit Fett von beiden Seiten backen. In den Teig geschälte und gewürfelte Apfelstücke drücken. Die "Püfferchen" vor dem Essen mit Zimt und Zucker bestreuen.
(Nach einem Rezept von 1927)

Stefanie Arndt
Radio Bielefeld

Burfi

(noch ein Geduldspudding)

Zutaten für 12 Personen

3 l Milch, 1 Tasse Butter, 2 1/2 Tassen Zucker
1 Tasse Wasser

Herstellung

Zucker und Wasser zu einem dicken Sirup kochen. Die Milch in einem großen Topf unter ständigen rühren (kleine Flamme) 3 bis 4 Stunden ein dicken, dann Butter zugeben und noch weitere 10 Minuten kochen. Den Topf vom Feuer nehmen, Sirup zugeben und dabei sehr schnell einrühren. Das ganze wieder zum Kochen bringen und nach 10 Minuten in eine gebutterte Schüssel geben.
Nach dem Auskühlen stürzen und in Stücke geschnitten servieren.

> ein Dessert indischer Art <

Guten Appetit wünscht

Angelika Banik aus
Bielefeld / Milse

Ein Salat nach Frau Antjes Kochbuch

400 gr dunkelrote Kidney-Bohnen
600 gr Maiskörner
1 Bund Frühlingszwiebeln
150-200 gr mittelalten Gouda
7 EL Balsamico bianco Essig
1 EL mittelscharfer oder scharfer Senf
Salz, Pfeffer, Zucker
8 EL Oliven-Oel

Bohnen und Maiskörner in einem Sieb mit kaltem Wasser abbrausen und abtropfen lassen.
Frühlingszwiebeln waschen und nach Entfernen des Wurzelansatzes in feine Scheiben schneiden.
Gouda würfeln.
Senf, Salz, Pfeffer und Zucker in Essig und Oel zu einer sämigen Marinade verrühren.
Die Salatzutaten darin wenden und eine halbe Stunde ziehen lassen.
Guten Appetit!

Friedrich Schophaus
Vorstandsvorsitzender
der v. Bodelschwinghschen Anstalten Bethel

Karotten-Orangen Suppe

350 g Möhren, in Scheiben geschn.
2 große Orangen, ausgepreßt
40 g Butter
2 mittelgroße Zwiebeln, in Scheiben geschnitten
3/4 lt. Gemüsebrühe
4 EL Sahne
Salz, frisch gemahl. Pfeffer

Zubereitung:

Butter bei schwacher Hitze zerlassen und Möhren u. Zwiebeln dazugeben. Gemüse 5 Minuten dünsten. Brühe hinzugeben, zum Kochen bringen u. zugedeckt 15 Minuten simmern lassen. Gemüse und Brühe in einen Mixer geben und pürieren. Den Orangensaft dazugießen und kurz untermischen. Suppe wieder in einen Topf geben und Sahne unterrühren. Mit Salz und Pfeffer abschmecken.

Rüdiger Kriemelmann // Chucci Bielefeld //

Überbackene Lachsfilets

(Rezept für 8 Personen)

Zutaten:
8 frische oder gefrorene Lachsfilets (je 125g)
8 Scheiben Räucherlachs
250g milder Schinkenspeck
2 Zwiebeln
300g Schmand oder Créme fraîche
150g Butter
frisch gemahlenen Pfeffer
1 El fein gehackter Dill
1 El fein gehackte Petersilie

Zubereitung:
1. Lachsfilets (TK auftauen lassen) kalt abspülen und trocknen. Jedes Lachsfilet gut mit je einer Scheibe Räucherlachs umwickeln. Auf ein gefettetes Backblech legen.
2. Schinkenspeck klein schneiden. Zwiebeln abziehen und in Würfel schneiden. Beide Zutaten zusammen mit Schmand oder Créme fraîche, Butter und Pfeffer im Mixer (oder Pürierstab) pürieren. Dill und Petersilie unterrühren.
3. Die Farce auf die Lachsfilets verteilen und das Backblech in den Ofen schieben.

Ober-/Unterhitze: 200°C (vorgehetzt)
Heißluft: 180°C (nicht vorgeheizt)
Gas: Stufe 3-4 (vorgeheizt)
Backzeit: etwa 20 Minuten

Angelika aus Heepen

Hackaché
für 4-6 Personen

Zutaten: 1,5 -2 kg gemischtes Hackfleisch
3-4 Zwiebeln
3-4 Paprika (frisch oder gefroren)
1 Dose Pilze nach Bedarf
3-4 Pck. Bratensoße

(wahlweise kann man noch 2 Zucchini oder andere Gemüsesorten verwenden, je nach Geschmack.)

Zubereitung:
Das Hackfleisch mit Salz und Pfeffer in Öl in der Pfanne leicht anbraten. Zwiebeln kleingeschnitten dazugeben. Das Ganze mit Wasser auffüllen, Paprika dazugeben und alles ca. 10 - 15 min. aufkochen. Anschließend 3-4 Pck. Fertigsoße nach Geschmack (z.B. dunkle Bratensoße von Maggi) einrühren. Zum Schluß Pilze dazugeben und mit Soßenbinder andicken.

Dazu essen wir am liebsten Kartoffeln, aber es schmeckt auch mit Reis oder Nudeln.

Guten Appetit wünscht

Rolf aus Hillegossen.

Feuertopf

(für 8 - 10 Personen)

Zutaten:

10 Schnitzel
3 Fleischwurstringe
8 Zwiebeln
5 Gl. Paprikastreifen
5 D. Pilze
5 D. geschälte Tomaten
Salz, Pfeffer, Paprika

Zubereitung:

Schnitzel und Fleischwurst in Streifen schneiden. Zwiebeln würfeln und alles zusammen in einem großen Topf anbraten, mit etwas Salz, Pfeffer und Paprika würzen. Dann Pilze, Paprikastreifen und Tomaten zugeben und nochmals kräftig anbraten, etwa 5 Minuten. Dann auf niedrieger Stufe weiter köcheln lassen und mit Salz, Pfeffer und Paprika abschmecken.

Dazu kann man Stangenweißbrot und einen frischen Salat z.b. Tomaten-Gurken Salat reichen.

„Guten Appetit"

Sandra Schieren

Penne mit Huhn und Champignons
(4 Personen)

Zubereitungszeit: 30 Minuten

Zutaten:
4 El Olivenöl
1 Zwiebel, in dünne Streifen geschnitten
1 Knoblauchzehe, zerdrückt
100g Schnippelschinken (roher Schinken)
250g Hähnchenbrust, in Scheiben geschnitten
125g Champignons, in Scheiben geschnitten
2 Tomaten, abgezogen, halbiert und in Würfel geschnitten
3 El Tomatenmark
1/4 L Gemüsebrühe
250 ml Sahne
Salz und Pfeffer nach Geschmack
Kräuterlinge zum Streuen "italienischer Art" zum abschmecken
500g Penne
frisch geriebener Parmesan

Zubereitung:
Öl in einer großen Pfanne erhitzen.
Zwiebel bei schwacher Hitze weich dünsten. Schinken dazugeben und etwas braten. Aus der Pfanne nehmen und beiseite stellen. Hähnchenbruststreifen auf mittlerer Stufe ca. 3 Minuten braten. Champignons zugeben und 2 Minuten dünsten. Tomatenscheiben und Tomatenmark einrühren. Zwiebeln und Schinken wieder dazugeben. Brühe angießen und aufkochen. Bei schwacher Hitze köcheln lassen, bis die Sauce auf ca. die Hälfte reduziert ist. Sahne zugießen und mit Salz und Pfeffer sowie den Kräuterlingen zum Streuen (die sind ganz wichtig, denn sie geben der Sauce den letzten Pfiff) abschmecken. Zerdrückte Knoblauchzehe dazu. Aufkochen lassen und bei schwacher Hitze köcheln lassen, bis die Sauce eindickt (evtl. mit etwas Saucenbinder andicken).
Unterdessen die Penne in einem großen Topf mit kochendem Salzwasser al dente garen. Die Sauce zu den Nudeln reichen und mit Parmesan bestreuen.

Guten Appetit! Es würde mich freuen, wenn Ihnen dieses Gericht auch schmeckt.

Mit freundlichen Grüßen
Angelika Esser aus Heepen

herbstlicher Zwiebelkuchen

für 2 Bleche

10 grosse Zwiebeln, 250 Würfelschinken, S+P
1000 g Mehl, 3 Päckchen Trockenhefe, 0,5 l Milch,
5 Eier, 20 El Öl, 2 Becher Schmand,
500 g Raspelgouda

Langsam die lauwarme Milch in die bereits verknetete Masse aus Mehl, Hefe, 2 Eiern, S+P und 20 El Öl rühren.

Das Ganze für ca. 40 min zum Aufgehen auf eine warme Heizung oder unter die Bettdecke stellen.

Zwischenzeitlich in Ringe geschnittene Zwiebeln mit dem Schinken glasig braten.

Sowie aus dem Schmand, 3 Eiern, S+P und der Hälfte des Goudas eine Masse anrühren.

- Jetzt den Teig auf den mit Öl gefetteten Blechen auslegen.

Darauf eine gleichmäsige Schicht aus der Zwiebelmasse. Das Ganze abgedeckt mit der Schmandmischung.

Zum Schluss den restlichen Gouda auf der Schmandschicht verteilen.

Das/die Bleche bei ca. 200g für 40 min in den vorgeheizten Ofen.

serviert mit Federweisser, wunderbar!

Helen

Bielefeld, Mitte

Filet im Schinkenmantel

Zutaten für 4 Personen:

500 g Schweinefilet
120 g magerer roher Schinken
200 ml Schmand
200 ml Sahne
200 ml Currysoße
2 Knoblauchzehen
1 Zwiebel

Zubereitung:

Filet in dicke Scheiben schneiden, mit dem Schinken umwickeln und in eine gefettete Auflaufform legen. Zwiebel pellen und in Würfel schneiden, Knoblauch pellen und durch die Presse drücken. Currysoße mit Schmand und Sahne verrühren, Zwiebel und Knoblauch zufügen und alles über das Fleisch gießen.

Im Backofen bei 180° ca. 1 Stunde backen.

Dazu schmecken Reis, Bandnudeln oder Kroketten und ein frischer, grüner Salat.

Guten Appetit!

Petra Gauer aus Babenhausen

Ente mit Rotkohl und Kartoffelklößen

Zutaten für die Ente:

- Ente ca. 3,5 kg
- 1 Apfel
- Beifuß
- Salz, Pfeffer
- 1 Orange

Zubereitung:

Die Ente von Innereien befreien und unter kaltem Wasser auswaschen. Apfel und Orange schälen, in große Stücke schneiden und die Bauchhöhle der Ente damit füllen. Im vorgeheizten Ofen ca. zwei Stunden bei 180 Grad garen, dabei mehrfach mit dem eigenen Saft übergießen.

Für den Rotkohl:

- 1 kg Rotkohl
- 100 g Preiselbeeren
- 80 ml Essig
- 1 Lorbeerblatt
- 2 Wacholderbeeren
- 2 Äpfel (Boskop)
- 1 Zwiebel
- 100 ml Rotwein
- 2 Nelken
- Salz

Zubereitung:

Rotkohl und Zwiebeln in feine Streifen schneiden. Zwiebeln im Schmalz andünsten, Rotkohl dazu geben und mit Salz und Zucker würzen. Äpfel schälen, groß würfeln und zusammen mit den Preiselbeeren dazu geben. Etwas Wasser angießen und ca. 1 Stunde garen. Rotwein mit den Nelken, Wacholderbeeren und dem Lorbeerblatt bis zur Hälfte einkochen und anschließend durch ein feines Sieb zu dem Rotkohl geben.

Für die Kartoffelklöße:

- 1 kg Kartoffeln
- 35 g Stärke
- Salz, Muskat
- 2 Eier
- 100 g Grieß
- Brotcroutons

Zubereitung:

Kartoffeln kochen, ausdampfen und fein passieren. Eier, Stärke und Grieß hinzu fügen. Mit Salz und Muskat würzen und zu einem glatten Kartoffelteig verkneten. Aus der Kartoffelmasse Klöße formen. In der Kloßmitte einen Brotcrouton versenken. Wasser zum Kochen bringen, mit Salz würzen und leicht mit Stärke abbinden (Klöße nach dem Kochen). Klöße ca. 15 Minuten ziehen lassen.

Profi-Tip von Bernhard Kampmann:

Man setzt die Ente in Wasser an, damit sie erst kocht und dabei ihr eigenes Fett verliert. Dadurch brät sie im eigenen Fett weiter. Das Resultat: Die Ente wird magerer. Außerdem die Ente leicht mit Beifuß würzen. Dann liegt Ihnen die Ente nicht so schwer im Magen.

Küchenmeister Bernhard Kampmann

Schlichte Hof

Gebratener Ziegenfrischkäse auf Konfitüre von roten Zwiebeln und Feldsalat.

10 Personen

10 kleine Ziegenfrischkäse
2 Eier
Paniermehl
Olivenöl

750 g rote Zwiebeln
Pflanzenöl
160 g Zucker
200ml Weinessig
100ml trockener Rotwein
100ml Portwein
30ml Grenadine-Sirup
Salz und Pfeffer

Feldsalat oder Rucola
Olivenöl
alten Balsamico
Dijon-Senf
Pfeffer
Salz
Zucker

REZEPT:

Die in Halbringe geschnittenen Zwiebeln mit Öl, Salz, Pfeffer und Zucker mischen und auf kleinem Feuer 1 Stunde köcheln lassen, bis die Zwiebeln weich sind. Essig, Wein , Portwein und Grenadine beigeben und nochmals ca. 1 Stunde köcheln lassen. Vollständig auskühlen lassen.

Feldsalat gründlich waschen. Aus Olivenöl, Balsamico, Dijon-Senf, Pfeffer, Salz und etwas Zucker eine milde Vinaigrette herstellen.

Die Ziegenkäse von beiden Seiten mit verquirltem Ei einstreichen, in Paniermehl drücken und im Olivenöl vorsichtig von beiden Seiten braten.

In die Mitte eines Tellers einen Eßlöffel Zwiebelkonfitüre geben.
Den Feldsalat durch die Vinaigrette ziehen und um die Konfitüre anrichten.
Den warmen Ziegenkäse auf die Konfitüre setzen und sofort servieren.

Karl-W. Vinke
CC-Club Kochender Männer, Bielefeld

Hähnchenfilet in Curry-Chili-Sauce auf Reis

Zutaten:

4 große Hähnchenfilets

1 Flasche Currysauce (von Unox oder Kraft)

1 Flasche Chilisauce (von Unox oder Kraft)

1 Becher Sahne

250-500 g Himalaya Reis (je nach Bedarf)

Verfeinerung:

1 Dose Mais

1 rote Paprika

1 grüne Paprika

1 gelbe Paprika

Zubereitung:

Man legt die Hähnchenfilets in eine gefetteten Auflaufform. In einer Schüssel mischt man die Curry- und Chilisauce und vermengt sie mit dem Becher Sahne. Diese Mischung gibt man über die Filets und überbackt diese 60 Minuten im Backofen auf 170 °C. Den Reis wie gewohnt kochen.

Auf den Teller erst den Reis und dann ein Filet mit der Soße servieren.

Zur Verfeinerung kann man noch frische Paprika und Mais mit in die Soße geben.

Echt lecker!

Petra Lindemeier aus Jöllenbeck

Griechische Frikadellen

1/2 Salatgurke, 1/2 rote Paprika
1 Glas grüne Oliven ohne Steine
500g Magerquark, 600g Rinderhackfleisch
1 Ei, 1 Päckchen TK-Dill (25g)
Salz, Pfeffer, 150g Vollmilchjoghurt
3-4 El. Olivenöl, 1 Knoblauchzehe
1 Fladenbrot

1 Gurken und Paprika putzen, waschen, halbieren, entkernen und in kleine Würfel schneiden. Oliven abgießen und würfeln. 250g Quark in einem Küchentuch ausdrücken.

2 Hackfleisch mit ausgedrücktem Quark, den Paprikawürfeln, die Hälfte der Gurkenwürfel, Ei, Oliven und Dill verkneten. Mit Salz und Pfeffer kräftig würzen. Aus der Masse 8-12 flache Frikadellen formen.

3 Für das Tsatsiki übrigen Quark mit Joghurt und 2 El. Olivenöl verrühren, mit Salz und Pfeffer würzen. Knoblauch abziehen, dazupressen und die übrigen Gurkenwürfel unterrühren.

4 Restliches Olivenöl in einer Pfanne erhitzen. Frikadellen auf jeder Seite 2-3 Minuten braten. Auf Tellern mit Tsatsiki und Fladenbrot anrichten. Nach Belieben mit Dill garnieren

Zutaten für 4 Portionen
740 kcal/3110 kJ.

Guten Appetit
Heike Schäffer/Enger

Werner`s leckerer Schnitzel-Topf

Zutaten:
200 g rohen Schinken
1 kg kleine Schinkenschnitzel
4 große Zwiebeln
2 Knoblauchzehen
1-2 Becher Sahne
Pfeffer

Zubereitung:
Man(n) nehme, (das Gericht ist so einfach und schnell zuzubereiten, dass es auch Männer können), 1 rechteckige Auflaufform, auf den Boden verteilt man zunächst den rohen Schinken, darauf die nicht zu großen Schinkenschnitzel, gut mit Pfeffer würzen aber kein Salz verwenden, über die dann die kleingeschnittenen Zwiebeln und kleingeschnittenen Knoblauchzehen kommen. Dann alles schön mit Sahne gut bedecken.
Jetzt die Auflaufform abdecken und 24 Stunden in den Kühlschrank stellen. Am nächsten Tag die Aufflaufform in den vorgeheizten Backofen bei 180 Grad ca. 90 Min. garen. Ich garantiere das es toll schmeckt. Dazu passt gut Reis oder Kartoffeln mit einem schönen leckeren Salat.

Guten Appetit!

Werner Kerschus aus Senne

Hähnchenschnitzel auf Gorgonzolasauce mit Cherrytomaten

6 - 8 Hähnchenschnitzel
150 gr. Gorgonzola
2 Becher Sahne
Dill, Pfeffer, wenig Salz
250 gr. Cherrytomaten

Die Hähnchenschnitzel in heißem Öl goldbraun braten und aus der Pfanne nehmen.
In dem Bratensatz den Käse und die Sahne schmelzen. Mit Dill, Pfeffer und Salz abschmecken. Eventuell noch etwas Wasser dazugeben. Die gebratenen Schnitzel in eine Auflaufform legen und die fertige Käsesauce darüber gießen. Dann die Cherrytomaten darauf verteilen und für etwa 30 Minuten bei 190° in den Backofen geben.

Jennifer Romoth aus Brake

Forelle in Alufolie á la Achim

Zutaten:

1 geschuppte Forelle von 900 g

3 Tomaten

3 Knoblauchzehen

2 Zwiebeln

2 El Kapern (oder mehr, ganz nach Belieben)

eingelegte grüne Oliven (nach Geschmack)

Butter

1 El Sieben-Kräuter-Mischung, eingefroren

Salz, Pfeffer

Zitronensaft einer halben Zitrone

Zubereitung:

Die geschuppte Forelle ausnehmen und waschen. Anschließend mit Zitronensaft säubern, pfeffern und salzen und auf eine große, doppelt gelegte Alufolie legen. Die Butter in Flöckchen auf und in der Forelle verteilen. Die Knoblauchzehen hacken, die Tomaten und Zwiebeln in kleine Stücke schneiden. Alles zusammen mit den Kapern (und bei Bedarf Oliven) um die Forelle herumlegen. Zum Schluss die Alufolie von allen Seiten sorgfältig verschließen und für ca. 30 Minuten in den auf 180 - 200 Grad vorgeheizten Backofen geben.

Dazu schmecken Kartoffeln oder Baguettebrot.
Dieses Gericht ist schnell zubereitet und schmeckt sehr lecker!

Ursula Kluck aus Oerlinghausen

Jägergulasch „Hubertus Art“

Zutaten für 4 Personen

1 kg	Wildschweingulasch
0, 5 kg	Hirschgulasch
	(Beides ist bei Ihrem Fleischermeister erhältlich)
1 große	Gemüsezwiebel
250 g	Pfifferlinge
200 g	durchwachsener Räucherspeck in Würfeln
2	Lorbeerblätter
6	Wacholderbeeren
1	Nelke
200 ml	Crème double
200 ml	trockener Rotwein
	Salz, Pfeffer

Zubereitung

Den Speck in einer Casserole auslassen und entnehmen. Anschließend das geschnittene Wildgulasch scharf anbraten, eine Tasse Wasser oder Gemüsebrühe zugeben und das Gulasch unter Zugabe der Lorbeerblätter, Wacholderbeeren und der Nelke ca. 90 Minuten bei geringer Hitze schmoren lassen. Bei Bedarf etwas Flüssigkeit nachfüllen.

Parallel dazu die Gemüsezwiebel in dünne Scheiben schneiden und in Butter schmoren, bis sich leichte Bräune abzeichnet. Die Pfifferlinge zugeben und bei abgeschalteter Hitze 5 Minuten mitziehen lassen.

Aus dem fertig geschmorten Gulasch die Wacholderbeeren, Lorbeerblätter und die Nelke entnehmen, anschließend Crème Double und Rotwein zugeben. Evtl. das Gulasch mit Mehl oder Kartoffelstärke etwas andicken, kurz aufwallen lassen. Zwiebeln und Pfifferlinge unterheben und mit Salz und Pfeffer abschmecken.

Beilagenempfehlung

Apfelrotkohl
Semmelknödel

Guten Appetit wünscht

Klaus Oertmann

Fleischerei Oertmann

Lachsfilet unter der Kartoffel-Bärlauchkruste mit weißer Buttersauce

Zutaten:
4 x 150 g Lachsfilet
200 g geriebene Kartoffeln
20 g Bärlauch
0,3 L Riesling, trocken
0,2 L Creme fraîche
3 Tl. Butter
Salz und Pfeffer
1 Eßl. Margarine zum Braten

Zubereitung:
200g Kartoffeln reiben, Bärlauch feinhacken, Kartoffelmasse ausdrücken, gehackten Bärlauch untermischen, Lachsfilet in Margarine anbraten. Kartoffelbärlauchmasse auf den Fisch verteilen und auf der Masse 3 Min. braten. Dann den Fisch für 6 Min. in 120 °C heißen Backofen schieben. Auf einer 2. Flamme den Wein auf die Hälfte einkochen lassen, Creme fraîche untermischen, noch einmal aufkochen lassen, dann die Butterflöckchen mit einem Stabmixer unterziehen, die schäumende Sauce auf den Teller gießen und den Lachs auflegen.
Dazu empfehle ich den Wein, den ich zur Saucenherstellung verwendet habe.

Gustav Werning
Küchenmeister „Werning's Weinstube"

Filettopf
(4 Personen)

Zutaten:
600g Schweinefilet, Salz und Pfeffer
Butter oder Margarine zum Braten
1 Ei zum Panieren und Paniermehl
1 Päckchen Mandelplättchen
1/4L süße Sahne
1/4L Tomatenketchup
1/4L Rotwein und
1/4L Wasser mischen und gut verrühren.
1 Dose oder 250g frische Champignons oder
je 1 rote und gelbe Paprika
4 mittelgroße Zwiebeln
ca. 12 Scheiben durchwachsener Speck, dünn geschnitten.

Zubereitung:
Das Schweinefilet in 2 cm dicke Scheiben schneiden und mit Pfeffer und Salz würzen. Ei schlagen und das Paniermehl mit den Mandelplättchen mischen. Die Filetscheiben im Ei wenden mit dem Paniermandelgemisch panieren.
Fett in der Pfanne erhitzen und etwa 1/3 der Filetscheiben kurz goldbraun anbraten (ca. 3 Minuten).
die Scheiben herausnehmen und den Sud mit etwa 1/3 der Flüssigkeit löschen. Die gebratenen Filetscheiben am besten in eine feuerfeste Auflaufform legen und die heiße Sauce gleichmäßig darüber verteilen, darüber dann entweder die Pilze aus der Dose oder die in Streifen geschnittenen Paprikas verteilen, je nach Geschmack.
Zum Schluss wird alles mit dem Schinkenspeck abgedeckt und gut eine Stunde bei 180-200 °C im Backofen erhitzt.
Damit nicht zu viel Flüssigkeit (Sauce) „verdunstet", bitte alles mit einer Alufolie abdecken!
Sehr gut schmeckt dazu Basmatireis.

Guten Appetit!

Renate Albers aus Heepen

Kartoffel meets Möhre
(oder Kartoffelcremesuppe)

Für vier Personen:

- 1000 g (mehlige) Kartoffeln
- 2 Zwiebeln, 1 Stange Lauch, 4-5 Möhren
- 200 g Sahne, Löffel Crème fraîche
- 1,5 l Rinderbrühe
- 1 EL Butter, min. 4 Würstchen
- Salz, Pfeffer, Majoran, Muskatnuß

Auf geht's:

Butter in gr. Suppentopf zerlaufen lassen, klein gehackte Zwiebeln darin glasig dünsten.
Lauch waschen, längs aufschlitzen und in Scheiben schneiden. Möhren schälen, in dünne Scheiben schneiden.
Kartoffeln schälen und in kleine Würfel schneiden.
Das Gemüse (eins nach dem anderen) in den Topf geben, verrühren und kurz dünsten.
Rinderbrühe im Messbecher aufgießen, dann in den Topf.
Salz, Pfeffer und Majoran dazu. 30 Min. köcheln lassen.

Suppe im Topf pürieren oder zerstampfen. Sahne und Crème fraîche dazu und etwas Muskatnuß. Mit Salz und Pfeffer noch mal abschmecken. Zum Schluss die guten Bockwürstchen kurz mit aufwärmen. Guten Hunger!

Lecker, leicht und reicht für zwei Tage (!)

Tim Linnenbrügger, Radio Bielefeld

Lachstorte

Zutaten: 6 Eier
400g Frischkäse
1 kl. Zwiebel (schmeckt auch ohne!)
Salz, Pfeffer, Paprikapulver (edelsüß)
125g Schlagsahne
200g Meerrettich- Frischkäse (Fertigprodukt)
1 Fladenbrot
1 Bund frischer Dill
300g geräucherter Lachs

1.) Eier in 10 Minuten hart kochen, abkühlen lassen, pellen und vierteln.

2.) Elektro-Ofen auf 175° vorheizen. Frischkäse cremig schlagen, Zwiebel fein würfeln und mit Salz, Pfeffer, Paprikapulver und der Sahne unter den Frischkäse rühren.
Meerrettich- Frischkäse dazugeben und verrühren.

3.) Fladenbrot waagerecht teilen. Beide Hälften mit der Schnittseite nach oben im Ofen bei 175° (Gas Stufe 2) in etwa 3-5 Minuten knusprig backen.
Die Brot- Schnittseiten jeweils mit der Frischkäsemasse bestreichen, mit Lachs belegen und mit den Eiern dekorieren.
Den Dill waschen, trocken schütteln, die Spitzen fein hacken.
Über das Fladenbrot streuen.

Sehr lecker!

Kriemhild Malnieks- Kramer
aus Großdornberg

Kasslerbraten im Römertopf

12 Scheiben geräucherten, durchwachsen Speck in dünne Scheiben geschnitten.

1½ - 2 kg. Kassler
1 kg. Gemüsezwiebeln
500 Gr. Tomaten, abgezogen und kleingeschn.

etwas Senf

Den Römertopf 10 Min. wässern, dann mit Speck auslegen.
Die Zwiebeln kleinschneiden und auf den Speck geben.
Den Kasslerbraten mit Senf einstreichen und auf die Zwiebeln geben, darüber die abgezogenen Tomaten (vierteln)

In den Backofen geben bei 200 °C ca 1½ Stunden garen.

Den Braten herausnehmen und alles andere mit dem Mixer zur Soße Pürieren.
Dazu reicht man Reis o. Spätzle

Helga N. aus Hillegossen.

Sinas Ofensuppe

(4 Personen)

Zutaten:
1 kg Schweinefleisch (z.B. Gulasch)
500 g Zwiebel
1 Glas Pilze ohne Saft
1 kl. Dose Erbsen
1 kl. Dose Ananas und die halbe Menge des Saftes
1 Glas Tomatenpaprika
250 g Ketchup
250 g Chilisoße
1/2 L Sahne

Zubereitung:
Alle Fleischstücke werden gepfeffert und gesalzen und kommen dann in einen großen Ofenfesten Topf. Zwiebel würfeln und hinzufügen, alle restlichen Zutaten nacheinander mit dem Saft (außer Pilzsaft und bei der Ananas nur die Hälfte) in den Topf geben. WICHTIG! Nicht umrühren!!! im Backofen bei ca. 200°C 2 Stunden garen. Dann umrühren und evtl. noch abschmecken.
Super Partysuppe auch für viele Personen, wenn man einen passenden großen Topf hat. Es geht einfach und man kann die Suppe perfekt vorbereiten.
PS.: Das Rezept habe ich von meiner Schwiegermutter geerbt.

Sina Glietz aus Ubedissen

Orientalische Hähnchenspieße (f. 4 Personen)

500 g Hähnchenbrustfilet in ca. 3 cm große Stücke schn.
In 7 EL Sojasoße 40 Min. marinieren
8 Scheiben mageren Schinken in breite Stücke schneiden
12 kl. Zwiebeln schälen
o. Zwiebelstücke Fleisch, Schinken und Zwiebeln abwechselnd auf 4 Spieße stecken.
3 EL Mehl mit etwas Salz und Pfeffer würzen
Spieße zuerst darin und dann in
1 verquirltem Ei und zuletzt in
50 g Semmelbrösel wenden. 10 Min antrocknen lassen
1 EL Butter o. Margarine
1 EL Öl in einer großen Pfanne erhitzen
Spieße bei milder Hitze 20 Min. braten

Beilagen Salat aus Paprikaschoten, Tomaten und Zwiebelringe in Essig-Öl-Marinade
oder
Möhrensalat, Reis und eine Sahne-Soße mit Schnippelschinken

Guten Appetit und viel Spaß beim Nachkochen
wünscht
Gabi Weese aus Bielefeld

Westfälische Rosenkohl-Quiche
(4 Personen)

Zubereitung für den Hefeteig:

250 g Mehl	in eine Schüssel
1 TL. Salz	geben
1 x Hefepulver	
1 Tasse Milch und Öl	erwärmen
(ca. 140 ml und 70 ml)	
(Mikro Stufe 7: 2 Minuten)	
1 Ei	zusammen zum Mehl geben, etwas verrühren (Vorteig)
	und ca. 15 Min. gehen lassen.

Anschließend zu einem gleichmäßigen Teig verarbeiten (schlagen) bis er kaum noch klebt, ggf. noch etwas Mehl hinzugeben. Schüssel mit feuchtem Tuch bedecken und Teig gehen lassen. (Tipp: z.B. Gefäß auf Heizung stellen)
Den Teig auf ein gefettetes Backblech ausrollen und Randbereiche leicht „hochziehen". Mit einer Gabel den Teig mehrmals einstechen.

Zubereitung für den Belag:
1 Strang (ca. 1 kg) Rosenkohl (ist im Herbst z.B. gut von den Bauern in Babenhausen zu bekommen) waschen, putzen und ggf. halbieren.

1 Strang Rosenkohl	in Pfanne kurz anbraten
200g Schinkenwürfel ohne Speck	mitbraten und gleichmäßig auf den Teig verteilen
5-6 Eier	zusammen
1/4 L Sahne	verquirlen mit Pfeffer würzen und
150g Käse	
(z.B Emmentaler)	unterziehen
	über Rosenkohl auf Teig verteilen

Ca. 30 Minuten bei 180 °C (Umluft) - nicht vorgeheizt - backen.
Dieses Rezept kann nach Belieben auch mit anderen Gemüsesorten wie z.B. Porree, Möhren, Chinakohl etc. variiert werden.

Guten Appetit wünschen Ralph und Gabi aus Hoberge - Uerentrup

Westfälischer Bärlauch-Pfannkuchen

Zutaten:
80 g Mehl
80 g Vollmilch
80 g Buttermilch
2 Eier
Salz und Pfeffer
Frischer Bärlauch (oder 8-Kräuter - Mischung von Iglo)

Zubereitung:
Zuerst Mehl, Vollmilch und Buttermilch glatt verrühren, dann erst die beiden Eier unterrühren. Mit Salz und Pfeffer würzen und dann den feingehackten Bärlauch (oder auch andere Kräuter) unterheben.
Der Teig wird in einer heißen Pfanne mit ein bisschen Butter von beiden Seiten goldgelb gebraten. Man kann jetzt Spargel in dem Pfannkuchen einrollen, mit Tomaten und Käse dekorieren und 10 Minuten im Ofen backen. (Kann man auch für Gäste gut vorbereiten!)

Man kann den Pfannkuchen mit Pfifferlingen oder anderen Pilzen füllen, eine Buttersoße dazu reichen oder einen Dip.

Im Sommer schmeckt auch der leicht warme Pfannkuchen gut mit einer leckeren Salatfüllung (nach eigenem Gusto).

Zu den Pfannkuchen schmeckt ein leichter Weißwein sehr gut.

Robert Niegisch

Chefkoch im Restaurant „Sparrenburg"

Rheinischer Schnippelkuchen

Zutaten (für 1 Person)

3 dicke Kartoffeln
1 Ei
1 Essl. Mehl
1 Teel. Salz
Sonnenbl. Oel z. Backen

Kartoffeln in dünne Stifte schneiden, mit den anderen Zutaten gut vermengen. Alles in die Pfanne zu dem heissen Oel geben u. zu einem Pfannkuchen glattstreichen u. von beiden Seiten backen.

Ruth Brech
aus Dornberg

Porreestangen

Zutaten: Pro Person 2-3 Porree-
stangen + pro Porree-
stange 2-3 Scheiben dünn
geschnittenen geräucherten
mageren Speck

Die Porreestangen säubern und
kurz in Salzwasser überwellen.
Die Speckscheiben – beim Fleischer
in dünne Scheiben schneiden lassen –
mit einem Messer ein bißchen "dünner"
ziehen, damit man sie besser um
die Porreestange wickeln kann.
Die Porreestangen – je nach Länge –
mit 2-3 Speckscheiben umwickeln
und mit Lebensmittelgarn befestigen.
Am besten in einer Fleischkasserolle
Öl oder Fett erhitzen und die

Stangen von allen Seiten knusperig braten und anschließend im Backofen warm halten. Den Sud mit Gemüsebrühe ablöschen und je nach Geschmack mit Gewürzen wie Pfeffer, Salz, Paprika, Rosmarin etc. anrichten.

Die Porreestangen in die Soße geben und bei kleiner Flamme ein bißchen köcheln lassen.

Serviert werden die Porreestangen mit Salzkartoffeln.

Guten Appetit!

Gisela Nielsen

Rouladen der besonderen Art

für 4 Personen:

200g Frischkäse mit 2 Essl. Senf verrühren
8 sehr dünne Schnitzel
2 Pck. Italienische Kräuter v. Iglo
1 Bund Suppengemüse
2-3 Essl. Paprikamark
1/8 l Sahne
1/8 l Weißwein
Gemüsebrühe

Schnitzel salzen, pfeffern, mit Frischkäse-creme bestreichen, mit den Kräutern bestreuen und aufrollen. In Oel anbraten, Suppengemüse mit anschmoren. Mit Weißwein ablöschen, etwas einkochen lassen. Mit Gemüsebrühe aufkochen ca. 1 Std. schmoren lassen. Rouladen herausnehmen, Soße pürieren. Mit Paprikamark und Sahne abschmecken.

Dazu: Grüne Bandnudeln

mmh, lecker!!

von Margret Mielowsky
aus Werther

Sahnemöhrchen mit Hack

250 gr. Hack
1 mittlere Zwiebel
750 gr. Möhren
200 ml Sahne
Salz, Pfeffer und Muskat
Petersilie
Instant Brühe und etwas Fett zum anbraten

Zwiebeln schälen und würfeln, Möhren putzen und mit einem Gemüsehobel in Scheiben schneiden. Die Zwiebeln mit dem Hack scharf anbraten. Die Möhren dazu geben und mit ca. 750 ml Brühe ablöschen. Aufkochen lassen und dann alles für 20-25 min auf kleiner Flamme köcheln lassen. Mit Salz, Pfeffer und Muskat abschmecken. Dann die Sahne dazugeben. Je nach Geschmack mit Mondamin etwas andicken. Mit gehackter Petersilie bestreuen und zu Nudeln oder Salzkartoffeln servieren.

Guten Appetit

Angelika Bräuschke aus Ummeln

Super-leckere Fleischrolle
(4 Personen)

Zutaten:
2 Zwiebeln
1 Knoblauchzehe
250 g Möhren
200 g Zucchini
2 El Öl
100 g Schafskäse oder Feta
500 g Hackfleisch (Schwein oder halb und halb)
1 Ei
6 EL Semmelbrösel
Pfeffer, Salz
50 g Rosinen (nach Geschmack auch gerne mehr)

Zubereitung:
Ofen auf 200 Grad vorheizen
Möhren und Zucchini putzen, waschen und dann hobeln.
1 Zwiebel hacken. Alles in heißem Öl kurz dünsten.
Hackfleisch, Ei, Semmelbrösel, Zwiebel und Knoblauch verkneten und mit Pfeffer und Salz würzen.
Käse reiben.
Ein großes Stück Alufolie nehmen und einfetten.
Hackfleisch darauf ca. 1 cm dick zu einem länglichen Rechteck ausrollen. Dann Gemüse, Käse und Rosinen darauf verteilen.
Fleisch zu einer „Roulade" aufrollen. Mit der Folie umwickeln und in eine Auflaufform legen.
Ca. 40 Minuten im Ofen garen. Folie dann oben einschneiden und Rolle weitere 10 Minuten garen lassen.
Dazu schmeckt besonders gut Reis.

Guten Appetit!
Daniela-Jill Fiebach-Winkler aus Sennestadt

Spanisch Fricco

500 g gemischtes Hack
4-5 gr. Zwiebeln
1 kg Kartoffelscheiben roh
Salz, Pfeffer, Paprika-Mischung
und Brühe (aus dem Glas).

Hackfleisch kräftig anbraten. Zwiebeln in Ringe schneiden und goldgelb braten. Dann alle 3 mal schichten:

Dann gut 1/3 mit Brühe auffüllen und ca. 30 Minuten köcheln lassen.

Dazu schmecken eingelegte Gurken und alle sauren Salate.
Olé!

Jutta Küster - Radio Bielefeld

Huhn „Gérard"

(aus dem Burgund)
...wo erfahrungsgemäß die Leute
gut und reichlich essen...

Zutaten für 6 Personen:
1 schönes fleischiges großes Landhuhn
5 Eßl. Olivenöl
100g Butter
2 Zwiebeln
1 Schalotte
1 Glas trockener Weißwein
125 g Creme fraîche
100 g geriebenen Emmentaler
80 g Dijon Senf
Salz und Pfeffer

Zubereitung:
Das Huhn in Stücke schneiden. Mit Öl und Butter 15 Min. in einem Schmortopf anbraten. Stücke herausnehmen und Fett abtropfen lassen. Anschließend feingehackte Schalotte und Zwiebeln mit 50 g Butter im Topf anbraten.
Wein und Hühnerstücke wieder dazu geben, einige Minuten schmoren lassen, dann die Creme fraîche dazugeben. Salzen, pfeffern und 20 Min. auf kleiner Flamme kochen lassen. Hühnerstücke aus dem Topf nehmen und die Sauce mit Senf verfeinern. In eine feuerfeste Schüssel die Hühnerstücke und die Sauce geben. Mit dem Käse bestreuen und alles im Ofen überbacken. Man reiche dazu Baguette und einen guten Rotwein.

Guten Appetit
Regine Wichert aus Senne

Waffeln

250 g Margarine gut verrühren, und
200 g Zucker
3 Eier
1 P. Vanillezucker dazugeben u. wieder gut verrühren. Im Wechsel
1/2 l Milch und
500 g Mehl
1 P. Backpulver dazugeben und zu einem dickflüssigen Teig rühren.

Im Waffeleisen hellgelb backen.

Mit Puderzucker bestreuen, oder mit Eis, Früchten und Sahne servieren.

Barbara aus Bielefeld

Christina-Kuchen
Napfkuchen mit Créme fraîche

Teig:
250 g Butter oder Margarine (z.B. Sanella)
250 g Zucker
2 Päckchen Dr. Oetker Vanillin-Zucker
1 Prise Salz
4 Eier
150 g (1 Becher) Créme fraîche
250 g Weizenmehl
30 g Kakao
1 gestr. Teelöffel Backpulver Backin

Guß:
1 Päckchen Zartbitter-Schokoladenguß oder weißer Schokoladenguß

Für den Teig:
Das Fett mit einem Handrührgerät mit Rührbesen geschmeidig rühren. Nach und nach Zucker, Vanillin-Zucker und Salz unterrühren. So lange rühren, bis eine gebundene Masse entstanden ist. Dann die Eier nach und nach unterrühren (jedes Ei etwa 1-2 Minuten). Die Créme fraîche unterrühren. Mehl, Kakao und Backin-Backpulver mischen, sieben und eßlöffelweise auf mittlerer Stufe unterrühren. Den Teig in die gefettete Napfkuchenform (22 cm Durchmesser) füllen. Vielleicht noch ein paar Schokoladenflocken oben drauflegen.

Strom: 160 °C (Umluft, kurz vorgeheizt)
Gas 2-3 nicht vorheizen
Backzeit: 65 bis 70 Minuten

Christina Junkermann

Akrobatenpudding

1te Schicht

1 Glas Sauerkirschen } abtropfen lassen
1 Dose Mandarinen }
mit der entsprechenden Menge Saft.
1 Päck. Rote Grütze mit Sago und dem Kirschsaft
anrühren mit den Kirschen und den
Mandarinen kurz aufkochen.

Das ganze in eine Schüssel füllen und
abkühlen!

2te Schicht

1 Päck. Puddingpulver Vanille oder Sahne
kochen und auf die Rote Grütze geben.
1 oder 2 Scheiben Pumpernickel zerbröseln und
auf den Pudding streuen.

3te Schicht

1 Becher geschl. Sahne mit Schokostreusel
vermischen und als letzte Schicht
auf den Pudding geben.

evtl. nochmals mit Pumpernickel bestreuen.

Dieser Nachtisch ist für Nasch-Katzen der ganz
besonderen Art.

Ihre
Susanne Kiel
Bielefeld

– Fantakuchen –

Zutaten für ein Blech:

Teig:

4 Eier
2 Tassen Zucker
1 Pkt. Vanillezucker
3 Tassen Mehl
1 Pkt. Backpulver
1 Tasse Öl/Salatöl
1 Tasse Fanta

Belag:

3 Dosen Mandarinen
3 Becher Sahne
3 Pkt. Sahnesteif
1/2 Tassen Zucker
3 Becher Schmand
Zimt
Zucker

Rührteig zubereiten und auf ein gefettetes und gemehltes Blech streichen.
→ bei 175 °C ca. 20–25 Min. backen

Auf den abgekühlten Boden die abgetropften Mandarinen verteilen und evtl. mit Tortenguß bestreichen.

Sahne mit Sahnesteif und Zucker schlagen, dann den Schmand unterrühren und die Masse auf die Mandarinen streichen.

Vor dem Servieren den Kuchen mit Zimt und Zucker bestreuen.

Uta Brömelmeyer
– Redaktion
Radio Bielefeld –

Buttercreme-Torte

Zutaten:
1 Liter Milch
2 Päckchen Vanillepudding
1 Pfund Margarine
3 Teelöffel gemahlener Kaffee
1 heller dreiteiliger Tortenboden
200 g Schokostreusel
1 Päckchen Mokkabohnen
1 Becher Johannisbeergelee

Zubereitung:
Den Pudding mit halb soviel Zucker wie angegeben kochen. Die andere Hälfte Zucker auf den Pudding streuen, gegen Hautbildung. Pudding kalt werden lassen. Wenn der Pudding und die Margarine eine Temperatur hat, beides mit dem Mixer gut durchschlagen wie Sahne. Bei Flockenbildung 2 Esslöffel Margarine heiß machen und unterrühren.
Etwas Creme zum garnieren abnehmen.
3 Teelöffel Kaffee unter die Buttercreme mixen.
Auf den unteren Boden fingerdick Buttercreme streichen, dann darüber dünn Gelee streichen. Mittleren Boden auflegen und dünn mit Buttercreme bestreichen. Die Torte dann rundherum mit Creme bestreichen und Schokostreusel auflegen.
Zum Schluss die Einteilung aufzeichnen, dann mit der Garnierspitze auf jedes Stück einen Klecks und eine Mokkabohne aufsetzen.

Uli Möwe aus Sieker

Fritz' Porreestangen

Zutaten: Porreestangen
gekochter Schinken in Scheiben
geriebener Gouda
Senf
Muskatnuss
Pfeffer, Salz
Saucenbinder für helle Saucen

Zubereitung: Porreestangen putzen, in Wasser kochen. Porree aus dem Wasser nehmen (Kochwasser aufheben!)
Die Schinkenscheiben mit Senf bestreichen und jeweils eine Stange mit einer Scheibe umwickeln. Danach in Auflaufform legen.
Porreewasser aufkochen, binden und abschmecken. Etwas Gouda in die Sauce streuen.
Über die Porreestangen gießen und warten, bis sich eine Haut gebildet hat, anschließend mit Käse bestreuen.
Bei 175° überbacken.
Mit Salzkartoffeln servieren.

Fritz

Käsefisch

(4 Personen)

Zutaten:

800-1000 g Seelachs oder Rotbarschfilet
1 Becher Sahne (250 ml)
1 Päckchen Kräuterschmelzkäse 150 g
1 Päckchen gemischte Kräuter (Tiefkühlpackung)
2 Knoblauchzehen
1 Stückchen Butter (ca. 30 g)
Salz, Pfeffer
Zitronensaft

Den Fisch säubern, mit Zitronensaft säuern und reichlich salzen. Die Fischfilets nebeneinander in eine gefettete Auflaufform legen. Die Sahne mit dem Schmelzkäse, den Kräutern und der Butter mit dem Handrührgerät zu einer Creme verrühren. Die Knoblauchzehen reinpressen und ordentlich salzen und pfeffern. Die Creme über den Fisch gießen und bei ca. 180 Grad im Backofen (Umluft) auf mittlerer Schiene ca. 30-40 Minuten backen, bis die Oberfläche schön braun geworden ist. Dazu passt gut Baguette und frischer Salat oder Reis. Nicht zu vergessen ein schöner trockener Weißwein.

Bon Apetit
Jochen Vahle aus Jöllenbeck

Gebrannte Mandeln

Zutaten:

1 Päckchen Mandeln
3-5 EL Wasser
3-5 EL Zucker
1-2 TL Zimt

Zubereitung:

Die Zutaten miteinander verrühren. Mit einem Deckel 2 Minuten bei 600 Watt in der Mikrowelle erhitzen, danach umrühren. Erneut 2 Minuten erhitzen, wenn es noch flüssig ist weitere 2 Minuten in die Mikrowelle stellen.
Zum Schluß die Mandeln auf Back-papier ausbreiten und wenn sie kalt sind, lösen.

Arbeitszeit (incl. Wartezeiten):
Ca. 15 Minuten.

Schön verpackt, auch ein ideales Mitbringsel für gute Freunde!

Janine Krullmann aus BI-Ummeln

Mediterraner Gemüseauflauf mit Hähnchen

Zutaten:

500 g Hähnchenfilet	125 g Mozzarella-Käse
3 EL Öl	1/4 l Gemüsebrühe
2 mittelgroße Zwiebeln	150 g Creme fraîche
1 Knoblauchzehe	1/2 Bund Thymian
375 g Champignons	Salz
375 g Broccoli	weißer Pfeffer
1 große Dose geschälte Tomaten (850 ml)	Fett für die Auflaufform

Zubereitung:

Die Filets waschen, trockentupfen und danach im heißen Öl von jeder Seite ca. 4 Minuten braten. Die Filets würzen und herausnehmen.

Die Zwiebeln schälen und würfeln, die Pilze waschen und evtl. halbieren. Die Zwiebeln und Pilze im Bratfett anbraten. Danach die Pilz-Zwiebelmischung aus der Pfanne nehmen.

Die Tomaten und den Mozzarella-Käse abtropfen lassen, die Filets und den Mozzarella in Scheiben schneiden.

Den Broccoli putzen, waschen und in Röschen teilen und anschließend im Bratfett andünsten. mit Brühe ablöschen und ca. 5 Min. garen lassen. Den Broccoli aus der Brühe nehmen. Die Brühe aufbewahren.

Den Knoblauch schälen und die Auflaufform damit ausreiben, anschließend die Form ausfetten. Die vorbereiteten Zutaten einschichten und würzen.

Creme fraîche in die Brühe schütten und verrühren. Über den Auflauf gießen und im vorgeheizten Backofen 10 - 15 Minuten backen (E-Herd: 225°C, Gas: Stufe 4)

Thymian waschen, abzupfen und über den Auflauf streuen.

Dazu schmecken am besten Röstis oder Baguette. Als Getränk einen kühlen Rosé für Papa und Apfelschorle mit Eiswürfeln für die kids.

Das ist das Lieblings-Rezept von Kathi und Tina Bleimund
aus Heepen und ihrem Papa.

Wildrouladen mit Äpfeln

Zutaten für 2 Personen

500 g	Wildschweinfleisch
	Pfeffer, Salz, Paprika
1	Möhre
2	Äpfel
1	Zwiebel
50 g	Fett
4 EL	Apfelmus
¼ Liter	Brühe

Zubereitung

Wildschweinfleisch in dünne Scheiben schneiden, mit Salz Pfeffer und Paprika würzen. Möhre, Äpfel und Zwiebel klein schneiden. Die Rouladen damit füllen, anbraten und mit der Brühe aufgießen. Den Apfelmus zugeben und 40 Minuten garen lassen.

Beilagenempfehlung
Röstis oder Salzkartoffeln

Guten Appetit wünschen

Kerstin Lecca und Stefan Kohring

Fleischerei Westerheide

Griechische Hähnchenpfanne
- für 4 Personen

8 Hähnchenschenkel oder Brüste
1 1/2 kg kleine Kartoffeln
1 kg kleine Zwiebeln
Salz, Pfeffer, Thymian, Basilikum
4 - 5 Zitronen
1 bis 1 1/2 Tassen Olivenöl
2 - 3 Knoblauchzehen

Zitronen auspressen und mit dem Öl in eine Schüssel geben. Dann den ausgepreßten Knoblauch, Salz, Pfeffer, Basilikum und Thymian dazu geben u. durchrühren. Anschließend die geschälten Kartoffeln einlegen und über Nacht marinieren lassen.

Das Fleisch würzen und mit den geschälten Zwiebeln und den Kartoffeln in einer großen Auflaufform (oder Fettpfanne) verteilen. Die Marinade zufügen und nochmal mit Basilikum und Thymian bestreuen.

Ca 1 1/2 Stunden bei 200° im Backofen garen.
Dazu Schafskäse, Krautsalat und Fladenbrot reichen.

Guten Appetit !!!

Klaus aus Hoberge

Kassler überbacken

Zutaten:
750 g Kassler ohne Knochen
1 Dose Erbsen und Möhren
2 Gläser Weißwein
1 rote und 1 gelbe Paprika
1 Zwiebel
1 Stange Porree
200 g Champignons
150 g Tomatenmark
Zubereitung:
Champignons in Butter anbraten. Erbsen und Möhren, Tomatenmark und den Wein, in dem das Fleisch gedünstet wurde, zugeben.
10 Minuten unter ständigem Rühren kochen lassen und mit Salz, Pfeffer, Majoran und Basilikum abschmecken. Das Kassler in Scheiben schneiden und auf ein Blech oder in eine große Auflaufform legen. Mit der Gemüsemischung bedecken und mit Käse bestreuen.

Bei 225° C ca 40-45 min. backen lassen.
Dazu passt prima etwas Baguette.

Viel Spaß beim Nachkochen und guten Appetit
wünscht
Melanie Landwehr aus Gadderbaum!

Kaisers Schinkenschnitzel

(für 2 Personen)

Einkaufsliste:

2 Schnitzel
2 Scheiben Schinken
2 Scheiben Jungen Gouda
1 Zwiebel
5 gr. Kartoffeln
1 Knoblauchzehe
1 Pck. Sauce Hollondaise (am besten von Unox)
1 Ei
etwas Brühe
Schinkenwürfel
Paniermehl
Margarine oder Butter
Gewürze

Vorbereitung:

Das Ei verquirlen und mit den Gewürzen verfeinern. Die Schnitzel klopfen, durch das Ei tauchen und mit dem Paniermehl panieren.

Die Kartoffeln als Pellkartoffeln kochen und anschließend pellen und in Scheiben schneiden.

Die Zwiebeln würfeln.

Den Knoblauch auch klein schneiden oder klein hacken.

Die Sauce Hollondaise in einen Topf geben.

Ein Backblech für die Schnitzel mit Backpapier auslegen und den Herd auch 200 °C (Heißluft) vorheizen.

Zubereitung:

Die Schnitzel langsam von beiden Seiten braten. Wenn sie durch sind auf das Backblech legen, mit dem Schinken und dem Käse bedecken und dann für ca. 5 Minuten in den Ofen schieben. Oder je nach gewünschter Bräunung des Käses.

Die Kartoffeln, mit etwas Margarine oder Butter in der Pfanne anbraten. Dann den Speck, die Zwiebeln und den Knoblauch zugeben und auch einen kurzen Moment anbraten.
Dann kommt etwas Wasser in die Pfanne, so das der Boden knapp bedeckt ist. Jetzt ein wenig Brühe (je nach Geschmack) in die Pfanne und noch etwas Pfeffer (vorzugsweise aus der Mühle) dazu geben. Hin und wieder wenden.

Langsam die Sauce Hollondaise im Topf erhitzen !!!Vorsicht den Herd nicht zu heiß stellen, sonst brennts an!!!

Servieren:

Je ein Schnitzel auf einen Teller, dazu ein paar Bratkartoffeln und auf beiden etwas Sauce Hollondaise verteilen!!!

Von Anna-K. Kaiser aus Bielefeld-Ubbedissen

„Arme Ritter" mit Garnelen und Austernpilzen

Zutaten:
<u>Arme Ritter:</u>
16 dünne Scheiben frisches Baguette
2 Eier, Salz, Pfeffer

<u>Für die Füllung:</u>
200 g Garnelen ohne Schale
50 g Olivenöl
Salz, Pfeffer, etwas Knoblauch
80 g buntes Gemüse
60 g Schnittlauch
40 g Parmesan

<u>Für die Soße:</u>
240 g Austernpilze
30 g Butterfett
Sojasoße
80 g Gemüsebrühe oder Fischfond
80 g Creme fraiche

Zubereitung:
<u>Arme Ritter:</u>
Ei verquirlen und mit Salz und Pfeffer würzen, das Weißbrot darin einweichen.

<u>Für die Füllung:</u>
Die Garnelen in Olivenöl braten. Gemüsewürfel mit Olivenöl, Parmesan und Knoblauch vermischen. Auf 8 Scheiben eingeweichtes Baguette je 2 Scampis, Gemüsewürfel und Schnittlauch geben und mit der anderen Scheibe Baguette abdecken- gut andrücken!

Arme Ritter in heißem Butterfett goldgelb ausbacken.

<u>Für die Soße:</u>
Austernpilze in Streifen schneiden, in Butterfett anbraten, mit Sojasoße würzen und mit dem Fond ablöschen. Creme fraîche, das restliche Gemüse und Schnittlauch dazugeben und etwas einkochen lassen, abschmecken. Creme fraîche kann auch durch Joghurt ersetzt werden, dann aber die Soße nicht mehr kochen lassen!!

Anrichten:
Soße auf die Teller geben, die Arme Ritter und die restlichen Garnelen dazulegen.

Tip:
Wenn Sie das Gericht vegetarisch zubereiten möchten, ersetzen Sie die Garnelen z.B. durch Schafskäse. Die Garnelen können aber auch durch Hähnchenbrustfilet ersetzt werden.

Küchenmeister Andreas Büscher von Büscher`s Restaurant

Käsesuppe "Art Huckeduster"

Zutaten:

1/2 Pfund Hackfleisch
1 Zwiebel
1 Glas geschnittene Champignons
1 Glas Paprika Letche
2 Päckchen passierte Tomaten
1 Becher Sahne
2 Packungen Kräuterschmelzkäse
1 Packung Sahneschmelzkäse

Zubereitung:

Zwiebel und Hackfleisch zusammen in einer Pfanne mit Öl krümelig anbraten. Nach dem Anbraten in einen Suppentopf umfüllen.
Danach Champignons incl. Flüssigkeit dazugeben. Als Nächstes die pass. Tomaten, beide Schmelzkäsesorten und Paprika (gut abgetropft) hinzufügen.

Alles gut durchkochen, bis der Käse komplett geschmolzen ist. Mit der Sahne zum Schluß verfeinern und mit Salz und Pfeffer abschmecken!

Mit Stangenweißbrot oder Fladenbrot ist diese Suppe für Parties ideal geeignet.

Die o.g. Mengen beziehen sich auf ca. 4 Personen.

Maya Dennin / Senne

Mein Lieblingsrezept:

Far Breton

500 g entsteinte Backpflaumen
100 g Mehl
80 g Stärkemehl
150 g Zucker
1 Päckchen Vanillezucker
4 Eier
3/4 L Milch
Zimt

Eine feuerfeste Form (Auflaufform) buttern und die Pflaumen hineinlegen. Alles anderen Zutaten vermischen - über die Pflaumen geben.
Bei 180°C im Backofen backen bis die Far schön braun (nicht zu sehr!) ist. Kann heiß, warm (am besten) oder kalt gegessen werden.

Thomas Niekamp,
CC-Club Kochender Männer, Bielefeld

Omas Geheimtipp

Zutaten:

etwas Fett
3-4 Zwiebeln
4-5 Paprika
1 gr. Dose geschälte Tomaten
1 Glas Zigeunersoße
500 g Gehacktes

Zubereitung:

Zwiebeln würfeln und in Fett andünsten. Paprika würfeln, dazu geben und andünsten. Flüssigkeit aus der Tomatendose dazu geben. Tomaten zerkleinern, dazu geben und alles mit Zigeunersoße auffüllen.

Gehacktes mit eingeweichtem Brötchen, Ei und Gewürzen zubereiten, kleine Bällchen formen, in die Soße geben und ca. 15 min. kochen lassen. Evtl. mit Soßenbinder andicken und mit Salz abschmecken. Dazu Reis reichen.

Simone aus Stieghorst

Emmy's Lieblingsrezept "Nackte Nudeln"

1 Paket Nudeln

0,5 l lauwarmes Wasser

1 Topf – 1 Esslöffel

1 Messerspitze Butter

Das lauwarme Wasser bringe ich bei Zugabe der Nudeln zum Kochen und lasse die Nudeln bei kleiner Hitze unter gelegentlichem Rühren 10 min kochen. Zum Schluß gebe ich die Messerspitze Butter hinzu.

Dieses esse ich 2 mal in der Woche.

Ernst-Willi Wittig aus Altenhagen

Künstlername "Emmy"

Gefüllte Rindsrouladen mit Kaffee

Zutaten für 6 Personen:

12 Rindsrouladen
12 dünne Scheiben Parmaschinken
3 Knoblauchzehen zerdrückt
6 Zwiebeln gehackt
350 g Quark
evtl. 100 g Sultaninen
120 g frische Kräuter, z.B. Petersilie, Basilikum, Oregano gehackt
Salz und schwarzen Pfeffer
1/2 TL Muskatpulver
275 ml schwarzer Kaffee
275 ml Weißwein
evtl. 2 EL Kaffeelikör

Zubereitung:

Die Rouladen flach ausbreiten, auf jede 1 Scheibe Schinken legen,
Knoblauch, Zwiebeln, Quark, (Sultaninen), Kräuter,
Salz, Pfeffer und Muskat in einer Schüssel verrühren.
Die Masse auf das Fleisch streichen.
Dieses zusammenrollen und verschnüren.
Die Rouladen in eine feuerfeste Form legen,
mit Kaffee und Wein übergießen.

20 Minuten schmoren: E-Herd 180°C, Gas Stufe 5
evtl. den Kaffeelikör hinzufügen,
weitere 20-30 Minuten schmoren lassen.

Dazu reicht man am besten Spaghetti
Und zum Nachtisch gibt's nen leckeren Cappuccino
oder so... :-)

Guten Hunger
wünscht
Conny aus Hillegossen

Paprika-Nudel-Eintopf „Schnelle Küche"

Man benötigt dazu:
2 kleine, rote Paprikaschoten
2 El Keimöl
2 Beutel „würziger Nudeltopf"
1 Tl Paprikapulver edelsüß und Cayennepfeffer

Paprikaschoten halbieren, entkernen, waschen, putzen und in kleine Würfel oder Streifen schneiden. Öl in einem Topf erhitzen. Paprika darin 1-2 Minuten dünsten. Ca. 1 Liter Wasser zu den Paprikaschoten gießen und aufkochen lassen. Die Beutelinhalte „Nudeltopf" mit einem Kochlöffel einrühren. Eintopf bei schwacher Hitze im offenen Topf ca. 10 Minuten köcheln lassen, zwischendurch umrühren. Nudeltopf mit Paprikapulver und Cayennepfeffer scharf abschmecken.

Wohl bekommt's!

Frank Becker aus Brackwede

Maja Oetker

Schokoladenauflauf

250 g Milch
½ Stange Vanille
50 g Mehl
50 g Butter
50 g Eiweiß
70 g Zucker
4 Eigelb
4 Eiweiß
150 g Zartbitterkuvertüre

Milch mit Vanille aufkochen
Mehl und Butter verkneten
und in die Milch ein-
rühren, ebenfalls die 50 g
ungeschlagenes Eiweiß und

die 4 Eigelb.
Die 4 Eiweiß und den Zucker steif schlagen und unter die Masse heben. Die Schokolade im Wasserbad erhitzen, bis sie flüssig ist, und ebenfalls unterrühren.

Dann die Masse in eine gebutterte und gezuckerte runde, hohe Auflaufform geben.

Im Backofen im Wasserbad bei 200° 45 Minuten garen.

Dazu reicht man Schlagsahne.

Das Rezept stammt von meiner Großmutter.

Maja Oetker, Ehefrau von Rudolf August Oetker, war Bürgermeisterin (BfB) und Gründungsmitglied des Kinderschutzbundes Bielefeld

Picknick - Nudelsalat

500 g grüne Bandnudeln
500 g kleine Partyfrikadellen
400 g mittelalten Gouda am Stück
250 g Kirschtomaten
5 Essl. Weißweinessig
8 Essl. Sonnenblumenöl
50 g Schnittlauch gehackt
1. Teel. Salz, Pfeffer

Nudeln in Salzwasser al dente kochen und abkühlen lassen. Gouda in ca. 1 cm große Würfel schneiden.
Essig mit Salz, Pfeffer und Schnittlauch verrühren. Wenn das Salz sich aufgelöst hat, Öl dazugeben.
Nudeln mit Tomaten, Käse, Frikadellen und dem Dressing vermischen.
Mind. 1 Std. ziehen lassen.
Die Tomaten auf keinen Fall klein-schneiden, sonst ziehen sie Wasser.
Julia aus Schildesche

Rehrücken mit kräftiger Sauce

(Für 4 bis 6 Personen)

Zutaten:
1 Rehrücken ca. 1,8 kg
250 g fetter Speck in Scheiben
Pflanzenöl, Salz, Pfeffer

Für die Sauce:
1 Tl Wildglace
50 g Tomatenmark
400 ml Rotwein
15 ml Soja Sauce
1 El Creme fraîche
800 ml Wildfond
1 Knoblauchzehe gepresst
2 Tl Grober Senf
150 g Cumberlandsauce
Salz, Pfeffer
grobes Wildgewürz mit Wacholder, Lorbeer etc.

Zu allererst müssen Sie den Rehrücken häuten und parieren. Die Abschnitte heben Sie für die Zubereitung der Sauce auf. Anschließend lösen Sie die beiden kleinen, unter dem Rücken liegenden Filets aus. Diese legen Sie erst 10 Minuten vor dem Ende der Bratzeit mit in den Ofen, da sie sonst austrocknen würden.
Geben Sie etwas Öl in ein tiefes Backblech und erhitzen Sie es. Den Rehrücken salzen und pfeffern und im heißen Fett auf den beiden Fleischseiten anbraten. Das Backblech aus dem Ofen nehmen und den Rehrücken auf die Knochenseite legen. Jetzt bedecken Sie den Rehrücken mit dem fetten Speck, dadurch läuft beim Braten kontinuierlich Fett über das Fleisch und es bleibt schön saftig.
Der Rehrücken muss nun im vorgeheizten Backofen auf der 2. Einschubleiste von unten bei 170 Grad, 25-30 Minuten (Gas 1-2, Umluft 20-25 Minuten bei 160 Grad) gebraten werden.
Rösten Sie in einem mittleren Kochtopf die Abschnitte des Rehrückens und geben sie anschließend das Tomatenmark hinzu. Löschen Sie das Ganze sofort mit Wildfond und Rotwein ab. Danach geben Sie alle übrigen Zutaten hinzu (außer Creme fraîche) und lassen es 20 Minuten kochen. Grundsätzlich gibt ein Rehrücken wenig Basis für eine Sauce, so dass ich dann mit Wildfond und Wildglace arbeite.
10 Minuten vor Bratende legen Sie die Rehfilets (salzen und pfeffern) mit in den Ofen.

Nach Bratende den Rücken samt Blech aus dem Ofen nehmen und mit Alufolie abdekken und 10 Minuten ruhen lassen. Das ist ganz wichtig, damit sich der Bratensaft im Fleisch verteilt und die Hitze vom Kochen in das Fleisch zieht. So wird der Rehrücken gleichmäßig rosa und schön saftig.
In der Zwischenzeit sieben Sie die Sauce durch und rühren anschließend die Creme fraîche unter. Binden Sie die Sauce nach Bedarf mit Kartoffelmehl (Mondamin) ab.
Nun wird es spannend: Das Fleisch muss ausgelöst werden. Hier geschehen die meisten Fehler. Nehmen Sie zum auslösen kein Messer, sondern einen Esslöffel. Sie gehen mit dem Esslöffel von oben am Knochen entlang unter das Fleisch und können so das Fleisch einfach aushebeln, so bleibt so gut wie kein Fleisch am Knochen hängen. Schneiden sie das Fleisch erst am Tisch in Tranchen und servieren Sie es mit der kräftigen Sauce. Zum Rehrücken passen sehr gut Rothohl, Rosenkohl, Spätzle und Klöße als Beilage.
Zubereitungszeit: 60 Minuten

Guten Appetit wünscht Ihnen Olaf Klötzer – KLÖTZER DELIKATESSEN

Birnentorte nach Art der Patentante

3 Eiweiß, 150 g Zucker, 150 g gehobelte Mandeln,
2 Becher Schlagsahne, Birnen aus der Dose (ca 1 1/2 Dosen), Eierlikör

Eiweiß steif schlagen, Zucker unter Rühren einrieseln lassen, Mandelblätter gut unterheben.
Springformboden mit Backpapier auslegen, Eiweißmasse darauf verteilen. Backofen auf 200°C vorheizen (Ober/Unterhitze), Boden ca. 8-10 Minuten backen.
Birnen gut abtropfen lassen, Sahne steif schlagen,
Birnen fächerartig oder in Vierteln auf dem ausgekühlten Boden verteilen, Sahne darauf streichen und mit Eierlikör abdecken.
Gut gekühlt servieren!

Annette aus Schildesche

Spanferkelkarree auf gedünstetem Wirsing mit Apfelspalten und Pfifferlingen

(Für 4 Personen)

Fleisch	800 g Spanferkelkarree
	50 g Speck in Würfel geschnitten
Gemüse	20 g Zwiebel
	400 g Wirsing
	100 g Pfifferlinge geputzt und geröstet
Obst	2 Äpfel
Sonstiges	100 ml Fleisch oder Gemüsebrühe
	2 El Öl
	1/4 Schweinssauce
	100 ml Weißwein
	1 El Zucker
Würzmittel	4 Rosmarinzweige
	4 Thymianzweige
	Salz und Pfeffer

Die Zwiebel in feine Würfel schneiden und in der Butter dünsten. Den Wirsing in Blättchen schneiden und 15 Minuten mit der Fleisch oder Gemüsebrühe dünsten. Das Spanferkelkarree mit Salz und Pfeffer würzen, in eine Pfanne mit etwas Öl anbraten und im vorgeheizten Backofen mit den Kräutern fertig braten.
Die Äpfel schälen, das Kerngehäuse herausstechen und in Spalten schneiden. Den Zucker karamellisieren und mit Weißwein löschen.
Die Apfelspalten einlegen und weich dünsten. Das Karree auf dem Wirsing mit den Apfelspalten, den gerösteten Pfifferlingen den Kräutern und der Sauce servieren.

Gartemperatur Spanferkel: 180 Grad
Garzeit: 12-15 Minuten

Guten Appetit wünscht Restaurant Kreuzkrug
Karl-Hermann Austmann

Gefüllte Paprika

für 4 Personen

Zutaten:
4 Paprika (grün oder rot)
500 gr. Gehacktes halb und halb
1 große Zwiebel
2 Eier
geriebener Käse (Gouda oder Emmentaler)
1 Brühwürfel
pro Person 1 Tasse Reis

Zubereitung:
Den Deckel der Paprika abschneiden, entkernen und waschen. Das Gehackte mit der gewürfelten Zwiebel, den Eiern, Salz, Pfeffer, Paprika- und Knoblauchpulver und der Hälfte des geriebenen Käses vermengen. Die Masse in die Paprika füllen, den Deckel wieder aufsetzen. Die Paprika in einem Topf (Paprika stehend, bis zur Hälfte bedeckt) mit Wasser und Brühwürfel ca. eine ½ Stunde kochen, das Kochwasser aber aufbewahren!

Den Reis zum Kochen bringen.

Danach die Paprika in dem vorgeheitzten Ofen (180 Grad) in eine Auflaufform stellen, mit dem restlichen Käse bestreuen und ca. 10 Minuten überbacken. In der Zwischenzeit das Kochwasser mit einer Packung Tomatensauce, Sahne und eventuell noch mal mit Gewürzen anrühren.

Guten Appetit!

Radio Bielefeld

Birgit Jolig

Paprika-Zwiebel-Gulasch

Zutaten für 4 Personen

750 g	Rindergulasch
250 g	Zwiebeln
je 250 g	rote, grüne und gelbe Paprika
75 ml	Rotwein
3 – 4 EL	Öl
3 EL	Mehl
2 EL	Tomatenmark
2 EL	saure Sahne
1 Liter	Fleischbrühe
2	Lorbeerblätter
	Rosenpaprika
	Salz, Pfeffer

Zubereitung

Die Zwiebeln in Streifen schneiden. Öl in einem Topf erhitzen. Das Fleisch darin portionsweise rundherum anbraten und herausnehmen.

Anschließend die Zwiebeln anbraten und das Fleisch wieder hineingeben. Das Tomatenmark kräftig mit anschmoren. Die Lorbeerblätter zufügen. Das Ganze mit Brühe ablöschen und mit Paprika, Salz und Pfeffer würzen. Das Gulasch aufkochen und zugedeckt bei schwacher Hitze 1 ¾ bis 2 Stunden kochen lassen.

Den Paprika putzen, waschen und in Würfel schneiden. Ca. ½ Stunde vor Ende der Garzeit zum Gulasch geben und mitschmoren. Das Mehl mit saurer Sahne und Rotwein glatt rühren und zum Gulasch geben, auf kochen und ca. 5 Minuten köcheln lassen.

Das Gulasch mit Salz, Pfeffer und Paprika würzig-scharf abschmecken und servieren.

Beilagenempfehlung

Salzkartoffen

Guten Appetit wünscht

Gottfried Wellmann

Fleischerei Wellmann

Ricottaquiche mit Spinat

für den Teig:
1 Paket Tiefkühlblätterteig

für die Füllung:
1 Bund Spinat oder Paket Tiefkühlblattspinat
250 g Ricottakäse
100 g geriebener Greyerzerkäse
4 gehackte Frühlingszwiebeln
3 Eier
80 g saure Sahne
ev. 4 Essl. Milch
¼ Tl. gehackte schwarze Pfefferkörner
½ Tl. gemahlene Muskatnuss
nach Bedarf etwas Salz

Eine Springform oder eine Quicheform mit dem Blätterteig auslegen.

Für die Füllung:
Spinatstiele abschneiden und Blätter 1 Min. im kochenden Wasser brühen oder den Tiefkühlspinat auftauen. Gut abtropfen lassen und überschüssiges Wasser ausdrücken. Spinat zerkleinern und in einer großen Schüssel mit Ricotta, Greyerzer, Frühlingszwiebeln, Eiern, sauerer Sahne, Milch, Pfeffer, Muskatnuss und nach Bedarf Salz verrühren.
Die Füllung in die ausgelegte Form füllen und in 35 Min. bei 200 Grad fest backen.

Guten Appetit!

Doro Schiweck
Radio Bielefeld

Wulle's Bratkartoffeln mit Matjestartar
(Rezept für 4 Personen)

Zutaten für Bratkartoffeln:
50 g Griebenschmalz
50 g Zwiebeln
800-1000 g gekocht und geschält Kartoffeln (z.B. Hansa)
Margarine zum Anbraten
Salz, Pfeffer

Zubereitung:
Zwiebeln schälen, halbieren noch zweimal einschneiden und feine Scheiben schneiden. Schmalz im Topf zerlassen und die Zwiebeln darin goldgelb dünsten. Kartoffeln in möglichst dünne Scheiben schneiden und in der Margarine bis zur gewünschten Bräunung braten. Vor dem Anrichten die in Griebenschmalz angeschmelzten Zwiebeln untermengen, mit Salz und Pfeffer abschmecken.

Zutaten für den Matjestartar:
480 g mildes Matjesfilet (am besten schmecken Primtjes)
60-80 g Zwiebeln
60-80 g Cornichons
60-80 g saurer fester Apfel
Pfeffer aus der Mühle
etwas Creme fraîche
Schnittlauch
Salz nach Belieben

Zubereitung:
Alle Zutaten so fein wie möglich würfeln und kühl stellen. Mit einer Gabel kurz vor dem Anrichten alles gut miteinander vermengen und abschmecken.
Mit Zwiebelringen, Radieschenscheiben und Cornichonsfächer ausgarnieren.

Guten Appetit!

Cornelius Wulle
Chefkoch der „Waterbör"

RUCULA-TOMATEN-MOZZARELLA-SALAT

ZUTATEN:

3 SCHALEN à 100g JUNGEN RUCULA
600g KLEINE ITAL. FLASCHENTOMATEN, GEVIERTELT
(EVTL. HALBIERTE KIRSCHTOMATEN)
3 MOZZARELLA à 125g, GEWÜRFELT
50g OHNE FETT IN DER PFANNE GERÖSTETE PINIENKERNE

DRESSING:

1/2 TASSE BALSAMICO-ESSIG
1/2 TASSE WALNUSS-OEL
3 EL OLIVENOEL
1 ZERDRÜCKTE KNOBLAUCHZEHE
1 TL FL. HONIG (nach Geschmack)
MOZZARELLA-TOMATEN-SALZ
KNOBLAUCHPFEFFER

DIESE ZUTATEN IN EINEM DRESSING-SHAKER GUT DURCHSCHÜTTELN UND ABSCHMECKEN.

DEN GEWASCHENEN UND GEPUTZTEN SALAT IN EINE GROSSE, FLACHE SCHALE GEBEN. DARAUF DIE GEVIERTELTEN TOMATEN SOWIE DEN GEWÜRFELTEN MOZZARELLA ANRICHTEN.

KURZ VOR DEM SERVIEREN DRESSING UND PINIENKERNE DARÜBER GEBEN.

Nicht mehr umrühren!

SCHMECKT GUT ZU GEGRILLTEM, ABER AUCH NUR MIT CIABATTA, OLIVENBROT o.a.

GUTEN APPETIT!

Heike G.

Kartoffel-Gemüse-Puffer
(für 4 Personen)

Zutaten:
500 g festkochende Kartoffeln
1 Möhre (100 g etwa)
1 Zucchini (100 g etwa)
1 Bund Lauchzwiebeln,
1 Knoblauchzehe
3-4 Eier
100 g Mehl
Salz, Pfeffer
frisch geriebene Muskatnuss
Butterschmalz

Zubereitung:
Kartoffeln, Möhren und Zucchini putzen, waschen und mit der Rohkostreibe in „Stifte" zerkleinern. Alles mischen. Knoblauchzehe abziehen und dazudrücken. Eier und Mehl unterrühren. Mit Salz, Pfeffer und Muskat abschmecken. Aus der Masse im heißen Fett in zwei großen Pfannen nacheinander die nicht zu dicken Puffer braten (5-7 Minuten). Die fertigen Kartoffelpuffer im Backofen warm stellen. Falls die Masse zu dünn ist, kann man sie gut mit Haferflocken verrühren.

Dazu passt: Quarkdip mit Kräutern.

Else Strotmann aus Sieker

Sauerbraten mit Klößen - dazu passt Rotkohl
Thüringer Art

750g Sauerbraten salzen und pfeffern. Möhren- und Selleriestücke gemeinsam mit Zucker und reichlich Essigwasser in eine Schüssel geben und das Fleisch 2 Tage darin einlegen.
2x tägeich das Fleisch wenden.
Am Tag des Verzehrs das Fleisch (ca. 2 Std.) anbraten. Mit der Marinade ablösen und mit Soßenbinder andicken.

Für die Klöße:
Einen Tag alte Pellkartoffeln schälen und reiben bzw. durch eine Kartoffelpresse drücken.
Zusammen mit etwas Salz, Kartoffelmehl, Grieß und Mehl (wie es annimmt) zu einem Brei kneten.
Weißbrot oder Brötchen in Würfel schneiden und mit etwas Butter anrösten.
Aus dem Teig neun Klöße formen und in die Mitte jeweils einen Weißbrotwürfel einarbeiten.
Die Klöße in Salzwasser aufkochen lassen und 20 min garen lassen.

Guten Appetit

Antje Bollmann

Möhrenkuchen

Zutaten:

300 g Möhren	5 Eigelb
4 El heißes Wasser	200 g Zucker
1 Päckchen Vanillinzucker	5 Eiweiß
1 Prise Salz	250 g gemahlene Haselnüsse
8 El Semmelbrösel	1 El Mehl
1/2 Tl Backpulver	1/2 Tl gemahlener Zimt
1 El Rum	abger. Schale Zitrone
100 g Couverture	2 El Aprikosenmarmelade

Zubereitung:
Möhren putzen und auf einer mittelfeinen Reibe zerkleinern. Paniermehl, Nüsse und Möhren in einer Rührschüssel gut mischen. Mehl mit Backpulver vermischt hinzugeben. Eigelb, Wasser, Vanillinzucker und 2/3 des Zuckers zu einer cremigen Masse aufschlagen. Eiweiß mit dem restlichen Zucker sehr steif schlagen. Die Crememasse über die gemischten Zutaten geben. Vorsichtig mischen. Nun die Hälfte des Eischnees unterrühren. Zuletzt den restlichen Eischnee vorsichtig unterheben.
Eine 26 cm große Springform mit Backpapier auslegen und die Masse einfüllen. Backofen auf 175°C vorheizen und den Kuchen ca. 45-50 Minuten backen.
Stäbchenprobe machen.
Nach dem Backen den Kuchen mit der erhitzten Marmelade überziehen. Nach dem Trocknen die flüssige Couverture darüber geben.

Maria Strotmann aus Hillegossen

STIEGHORST BAMBAATA

VANILLE-KOKOSPUDDING

R. Ruthe

Puddingpulver mit Zucker mischen, mit ca. 100 ml Kokosmilch glatt rühren. Restliche Kokosmilch mit 600 ml Wasser verdünnen, in einen Topf geben, 100 g Kokosraspel zugeben und aufkochen. Angerührtes Pulver einrühren und unter Rühren mind. 1 Minute kochen lassen. Pudding in eine mit kaltem Wasser ausgespülte flache Form füllen, und für mindestens 4 Stunden in den Kühlschrank stellen. Anschl. stürzen. Restliche Kokosraspeln über den Pudding streuen. Mango schälen und in Stücke schneiden, Physalis mit einem feuchten Tuch abreiben und mit den Mangostücken auf die Mitte des Puddings geben. ZUBEREITUNGSZEIT: 20 MINUTEN

ZUTATEN FÜR 4 PERSONEN: 2 Pck. PUDDINGPULVER, VANILLE, 5 EL ZUCKER, 400 ml KOKOSMILCH, 200 g KOKOSRASPEL, 1 MANGO, 100 g PHYSALIS

Ralf Ruthe, Comiczeichner & Cartoonist

Filet im Schlafrock

Zutaten:

2-3 Schweinefilet im Stück

1 Becher Creme fraîche

400 g Kräuterschmelzkäse

2 El Sahne

ca. 2 El Butter

6 Zwiebeln

2 Dosen Champignons

2 El Senf

etwas Milch

geriebener Käse

Zubereitung:

Zwiebelringe glasig dünsten und mit Salz, Pfeffer und Paprika würzen. In eine gefettete Auflaufform geben und Pilze darauf verteilen. Fett erhitzen, Filet in Scheiben schneiden und kurz anbraten. Herausnehmen und mit Salz und Pfeffer würzen. Filetstücke auf die Pilze legen.

Den Bratensaft mit einer 1/2 Tasse Wasser und einem El Senf verrühren und über das Filet gießen. Für die Soße 2 El Butter zerlassen, den Käse dazugeben und mit einem Schuss Milch verrühren. Creme fraîche und Sahne dazugeben und verrühren, die Soße kann ruhig etwas sämig sein.
Soße über das Filet gießen.

Käse darüber streuen und ca. 30-35 Minuten bei 180 °C überbacken.

Dazu passt Reis oder Kroketten.

Veronika Wunderlich aus Quelle

Sauerkrautauflauf

1.000 g Kartoffeln, schälen, in Stücke schneiden
1/4 l Wasser
1 TL Salz
– kochen

1 Zwiebel (klein würfeln)
1 EL Margarine
– glasig dünsten

1 gr. Ds. Sauerkraut dazugeben
1 gr. Apfel (geraffelt) dazugeben
– 10 Min. zugedeckt kochen

750 g Kasseler in kl. Würfel schneiden.

Kartoffeln pürieren (mit dem Wasser)
200 g Creme fraiche
200 g geriebenen Emmentaler
– unterschlagen.

Auflaufform einfetten.

Sauerkraut in Auflaufform verteilen.
Kasselerstücke auf dem Sauerkraut verteilen.

Darüber das Kartoffelpüree.

bei 200° / 45 Min. in den Backofen schieben.

Gudrun Grohn
– Südwestfeld –

Gebackener Manchego

für 4 Personen braucht man:

4 Scheiben Manchego à 75g (oder Schafsgouda)
1 Knoblauchzehe
1 Bund frische Thymian und Rosmarin
2 Eier
1/2 kg Tomaten
2 Zwiebeln (am Besten rote Zwiebeln)
4 Esslöffel Mehl
10 Esslöffel Olivenöl
2 Esslöffel Weissweinessig
Pfeffer (aus der Mühle)

Den Manchego in ca. 1 cm dicke Scheiben schneiden.
Knoblauch und Kräuter klein hacken.
Tomaten häuten und in Scheiben schneiden.
Zwiebeln in Ringe schneiden.
Die Eier mit dem größten Teil der Kräuter, den Knoblauch und den Pfeffer mischen.
Käsescheiben erst in Mehl, dann in der Kräuter-Ei-Sauce wenden und in einer Pfanne in Olivenöl auf beiden Seiten backen.
Tomaten- und Zwiebelscheiben mit dem restlichen Olivenöl, den restlichen Kräutern, Essig, Salz und Pfeffer mischen, danach auf einem Teller anrichten. Den Käse dazu legen und mit Baguette servieren.

Guten Appetit, Andreas Liebold

Radio Bielefeld

Brechbohnen süß-sauer mit Fleischklößchen
(4 Personen)

Zutaten:
400 g Hackfleisch (halb & halb)
100 g fetten Speck
1 dicke Zwiebel
ca. 1 El Mehl
1 große Dose Brechbohnen
Salz,
Pfeffer,
Zucker,
Essig
etwas Öl zum anbraten

Gewürztes Hack zu kleinen Bällchen formen und in etwas Öl braten. Aus der Pfanne nehmen und beiseite stellen.
Speck in kleine Würfel schneiden und auslassen. Die kleingewürfelte Zwiebel kurz mitbraten. Mit dem Mehl bestäuben und alles schön anbräunen.
Dann das Bohnenwasser langsam dazugeben und unter Rühren aufkochen. Mit den Gewürzen und dem Essig kräftig süß-sauer abschmecken.
Nun die Bohnen und die Klößchen dazugeben und durchziehen lassen.

Sehr lecker mit frisch gebackenem Brot!

Altbewährtes Rezept
meiner Oma Herta aus Heepen

Susanne Schulte-Hoffmann

Schweinefilet in Bressot-Sauce

12	Scheiben Schweinefilet (Medaillons)
12	schmale Streifen geräucherter Speck
1	EL scharfer Senf
40	gr. Butter
1	große Zwiebel
150	gr. Bressot
1	Ecke Schmelzkäse
250	ml. süße Sahne
	frische Petersilie
2	EL grüner Pfeffer (eingelegt)

Die Filets zu Medaillons schneiden und von beiden Seiten mit dem scharfen Senf bestreichen. Anschließend den geräucherten Speck um die Medaillons herumlegen.
Auflaufform mit Butter ausstreichen und den ganzen Boden mit den Zwiebelringen auslegen.
Die Medaillons darauflegen und Butterflöckchen darüber streuen. Im 200°C vorgeheizten Backofen 30 Min dünsten.

Sauce:

Sahne, Bressot, Schmelzkäse, grünen Pfeffer und die Petersilie zusammen in einem Topf erwärmen und anschließend über die Filets geben. Dann nochmals 10 Min in den Backofen

Guten Appetit wünscht
Claudia aus Hillegossen!

Gebratener Seeteufel mit gegrilltem Chicoree
(Für 2 Personen)

1 Tl Dijon Senf
1 El Weißweinessig
Saft von 1 Orange
3 El Olivenöl
2 Zweige Estragon
1/2 Bund Schnittlauch
1 El Kapern
Salz, Pfeffer aus der Mühle
2 Chicoreekolben
100 g Brokkoli
300 g Seeteufelfilet in sechs Stücke geteilt
ev. 1 Peperoni zum Garnieren

Aus Senf, Essig, Orangensaft, 1 El Öl den feingeschnittenen Estragonblättern und den in Röllchen geschnittenen Schnittlauch eine Vinaigrette rühren. Kapern abtropfen lassen, etwas zerdrücken und dazugeben. Die Marinade mit Salz und Pfeffer würzen.
Den Chicoree putzen und längs in 4 Scheiben schneiden. Von beiden Seiten mit einem El Olivenöl bestreichen, salzen und in einer Grillpfanne bei mäßiger Hitze von jeder seite etwa 4 Min. braten. Warmhalten.
Den Brokkoli in Röschen teilen und in sehr wenig Salzwasser knapp gar dämpfen. Den Fisch mit Salz und Pfeffer würzen und im restlichen Olivenöl von jeder Seite 3 Min. braten.
Den Fisch auf Portionsteller anrichten, mit der Vinaigrette übergießen, den Chicoree und den Brokkoli dazulegen. Den Chicoree eventuell mit ein paar Peperoniringen garnieren.

Claudia Warnecke – Bielefelder Osten

Dorsch auf Südkurs

Zutaten:

800 g Dorschfilet
2 EL Zitronensaft
Salz
100 g Butter
1 Knoblauchzehe
50 g rote Zwiebeln
2 Päckchen. italienische Tiefkühlkräuter
50 g Frühstücksspeck
100 g entsteinte Oliven
250 g Crème fraîche
100 g. Zwieback
Pfeffer aus der Mühle
4 EL Olivenöl
500 g Kirschtomaten

Zubereitung:

Knoblauch schälen und fein hacken, die Zwiebeln schälen und fein schneiden

Dorschfilet abspülen, trocken tupfen und mit Salz und Zitrone würzen

Butter solange rühren, bis sich feine Spitzen bilden, dann den Knoblauch, die Zwiebeln und die italienischen Kräuter dazu geben und gut miteinander vermischen
Oliven klein schneiden - ein paar für die Dekoration beiseite legen
Speck in Würfelchen schneiden
Zwieback in einen Gefrierbeutel legen und mit einem Nudelholz zerbröseln
Crème fraîche, Oliven, Speck und Zwieback mit der Zwiebelkräuterbutter vermengen und mit Pfeffer würzen.

Den Backofen auf 200 Grad vorheizen

eine flache, ofenfeste Form mit 1 EL Öl ausstreichen, den Fisch hineingeben und die Paste vorsichtig auf dem Fisch verstreichen
Tomaten waschen und bis auf 3 Stück halbieren und um den Fisch legen
Mit dem restlichen Öl bestreichen

35 Minuten im Ofen überbacken

Mit den restlichen Oliven und Tomaten garnieren
dazu passt Wildreis und ein leckerer Salat

Guten Appetit wünscht Silke aus Bielefeld Ummeln

„Schlemmerfilet auf Gemüse-Kräuter-Sahne-Bett"

Portion für zwei gesunde ostwestfälische Esser!

2 Portionen TK Fischfilet mit Kruste à la Bordelaise

1 Paprika - gelb
1 Zucchini - grün
1 Möhre - orange
1 gr. Tomate - rot

alles kleinschnibbeln!

1 Paket TK Kräuter gemischt
1 Becher saure Sahne / Schmand
etwas Parmesan gerieben
lecker trockenen Weißwein (1 Glas)

Sahne, Gemüse, Kräuter, Parmesan, Salz - Pfeffer und Wein mischen und in große Auflaufform füllen. den TK Fisch daraufsetzen und ab bei ≈ 240 °C in den Backofen. Dazu Reis ... hm

Schlemmer-Sally

Cappucchino von der Marone
(6 Personen)

Zutaten:
500 g Kastanien geschält und vorgekocht
1/2 l Geflügelfond
1/4 l Gemüsebrühe
200 g Sellerie
1/4 l Schlagsahne
50 g Butter
20 g Zucker
2 cl Cognac
150 ml Rotwein
50 ml Weißwein
3/2 Knoblauchzehe
Muskatnuß
Salz, Pfeffer
Kakaopulver

Zubereitung:
Den Sellerie putzen und grob würfeln. Den Sellerie in dem Geflügelfond (ca. 200 ml) mit der Knoblauchzehe 10-15 Minuten köcheln lassen, danach den Sellerie und den Knoblauch entnehmen.
Parallel können in einem zweiten Topf mit dem restlichen Geflügelfond und der Gemüsebrühe die Maronen (leicht andrücken) ca. 15-20 Minuten köcheln.
Nach dem Entnehmen des Selleries und des Knoblauchs kann die Gemüsebrühe zu der Maronenbrühe gegossen werden. Die gesamte Brühe noch ca. 5 Minuten köcheln lassen und anschließend durch ein Tuch passieren.
In dem ersten Topf können dann die 20g Zucker leicht karamelisiert werden und mit den 150 ml Rotwein, dem Weißwein und dem Cognac abgelöscht werden.
Alles etwas einkochen lassen.
Die passierte Maronenbrühe angießen und alles etwas einkochen lassen.
Die Suppe wird abgeschmeckt mit Salz, Pfeffer und Muskat (vorsichtig).
Zum Schluß noch die Sahne sehr steif schlagen.

Anrichten:
Die Maronenbrühe in eine Cappucchinotasse gießen, einen Schlag Sahne oben drauf geben und die Sahne mit etwas Kakaopulver bestäuben.
Einen Teelöffel und etwas Käsegebäck anlegen und servieren.

Viel Spaß beim Nachkochen!
Ihr Dietmar Krämer, Chucchi-Bielefeld

Brokkoli- Moussaka

Zutaten (4 Personen): 600g mehlige Kartoffeln, Salz, 5 EL Milch, 1 EL Butter, 600g Brokkoli, Fett zum Braten und für die Form, 500g gemischtes Hackfleisch, 1 Zwiebel, 2 EL Tomatenmark, 100ml Instant Fleischbrühe, grober Pfeffer, 1 TL Oregano, 2 Tomaten.
Für die Gratinsoße:
250g Schlagsahne, 50g geriebener Käse,
50g Sahneschmelzkäse, 1 EL gemischte gehackte Kräuter, Salz, Pfeffer, Muskat.

Zubereitung:
Kartoffeln schälen, waschen, in Spalten schneiden, im kochenden Salzwasser 20 Min. garen, abgießen und heiß durch eine Kartoffelpresse drücken. Milch erhitzen, mit Butter zu den Kartoffeln geben und mit einem Schneebesen glatt rühren. Brokkoli putzen, waschen, in Röschen teilen. Im kochenden Salzwasser ca. 5 Minuten blanchieren, abgießen und abtropfen lassen. Etwas Fett in einer Pfanne erhitzen und das

Hackfleisch darin bei starker Hitze krümelig anbraten. Zwiebeln abziehen, würfeln, mit Tomatenmark zugeben, Brühe angießen und ca. 5 min. schmoren. Mit Salz, Pfeffer und Oregano würzen. Tomaten waschen und in Scheiben schneiden. Brokkoli, Hackfleisch und Tomaten ringförmig in eine gefettete Form einschichten Kartoffelmasse in einen Spritzbeutel mit Sterntülle geben und Röschen aufspritzen. Sahne erhitzen und den Käse darin schmelzen, Kräuter dazugeben und mit Salz, Pfeffer und Muskat abschmecken. Gratinsoße: über dem Auflauf verteilen und im vorgeheizten Backofen (180°C) ca. 30 min. backen.

Sinja Bremer Sieker

Sommersalat
- Schichtsalat -

8 Pers.

1 kleiner Eisbergsalat, in Streifen
1 rote Paprika, in Streifen
2 Zwiebeln, in Ringen
150 g Kochschinken, in Streifen
1 Zucchini, in Streifen
150 g Gouda, geraspelt
4 Eier, hart gekocht und geviertelt
200 ml Miracel Whip Balance
1 Bund Petersilie gehackt

- Alle Zutaten in angegebener Reihenfolge in eine hohe Glasschale schichten.
- Miracel Whip so auf dem Salat verteilen, daß die Oberfläche komplett bedeckt ist.
- Kurz vor dem Servieren mit Petersilie bestreuen.

Der Schichtsalat kann bereits einen Tag vorher zubereitet werden. Durch die Schicht Miracel Whip bleibt der Eisbergsalat knackig.

Dörte aus Bielefeld

Freundliches Kassler

500 g Kassler am Stück (oder 6 Scheiben Kassler)	in Würfel schneiden und in der Auflaufform verteilen
750 g tiefkühl Kartoffelröstis	darüber legen
1 kleine Dose Sauerkraut 200 g geriebenen Käse	und darüber verteilen
200 ml Sahne 200 g Schmand	verrühren und über den Käse verteilen

Bei 200° im Backofen 30 Minuten garen.

Wer kein Sauerkraut mag, kann dieses auch gere weglassen, oder durch Brokkoli ersetzen.

Viel Spaß beim nachmachen
Fam. Nagel aus Sieker

Überbackene Lendchen

2 kleine Lendchen
8 Scheiben Schinkenspeck
Salz, Pfeffer
200 gr. Sahne
30 gr. Tomatenmark
Paprikapulver, Oregano

Zubereitung:
Jedes Filet in 4 Stücke teilen, diese salzen, pfeffern und jeweils in eine Speckscheibe einrollen.
Die „Päckchen“ in eine gebutterte feuerfeste Form setzen und in den auf 200 Grad vorgeheizten Backofen schieben.
Die Sahne (u. evt. Creme fraiche) mit Tomatenmark, Salz, Pfeffer, Paprika, Oregano würzen und über die Lendchen verteilen. Noch weitere 15 Min. garen lassen.

Beilage:
Reis oder Crocetten, Salat

Margot Cencyk
Radio Bielefeld

Buchweizenpfannkuchen mit Sahnegemüse, Gartenkräutern und Shrimps

(4 Personen)

Zutaten für den Teig:
3 dl Milch
4 Eier
80 g Weizenmehl
80 g Buchweizenmehl
Salz, Muskat, Zitronensaft

Zutaten für die Füllung:
4 dl. Sahne
100 g Möhren
100 g Kohlrabi
100 g Steckrüben
100 g Sellerie
100 g Blumenkohl
100 g Brokkoli
100 g grüne Bohnen
100 g Lauch
Die Gemüse können nach Saison variiert werden

Garnitur:
200 g Shrimps (oder Tomatenwürfel, Paprikawürfel)
frische Kräuter, Blüten von der Kapuzinerkresse

Zubereitung:
Die Zutaten für den Teig vermengen und mit den Gewürzen und Zitronensaft abschmecken.
Der Pfannkuchenteig kann nun eine Zeit ruhen und die Gemüse können vorbereitet werden. Die Wurzelgemüse schälen und in etwa 5 mm dicke Stäbchen schneiden. Den Brokkoli und Blumenkohl in kleine Röschen zerteilen. Bei den Bohnen werden die Stiele entfernt. Die Lauchstangen längs halbiert und blättrig schneiden. Das Gemüse wird blanchiert, in eiskaltem Wasser abgeschreckt und gut abgetropft.
Nun werden vier tellergroße Buchweizenpfannkuchen gebacken.
Die Sahne aufkochen lassen und die vorgegarten Gemüse darin anschwenken. Die Gemüsefüllung mit Salz und Pfeffer abschmecken. Je einen Pfannkuchen auf einen großen Teller legen und auf die eine Hälfte das Gemüse verteilen. Die andere Hälfte überklappen und bei starker Oberhitze im vorgeheizten Backofen Farbe nehmen lassen.
Die Teller mit den Pfannkuchen aus dem Ofen nehmen und mit den Shrimps, frischen Kräutern und Blüten der Kapuzinerkresse garnieren.

Sternekoch Ernst-Heiner Hüser
Museumshof Senne

Westfälischer Pflaumen-Eintopf.

Zutaten: 1 Pf. dünne Rippe
1 frische Kohlwurst
1 Stg. Porree
12 mittelgr. Kartoffeln
20 getrocknete Pflaumen
2 Teel. Salz
etwas Gemüse-Brühe.

Die dünne Rippe in etwa 2 Ltr. Wasser mit 2 Teel. Salz fast gar kochen. Danach die geschälten und kleingeschnittenen Kartoffeln, die in Ringe geschnittene Porreestange und die Kohlwurst in den Topf geben. Alles in ca 1/2 - 1 Std gar kochen. Inzwischen die 20 getr. Pflaumen in einem anderen Topf fast gar kochen und dann mit einem Teil des Wassers in den Eintopf geben. Alles zusammen nochmals köcheln lassen und mit Salz u. Gemüse-Brühe gut abschmecken. Wer möchte, kann auch eine Handvoll weiße Bohnen mitkochen.
Ich wünsche gutes Gelingen
Marianne Arndt, Bielefeld

Eierkäckerle

Zutaten:

6 Eier
1 Zwiebel (geht auch Lauchzwiebel)
2 Esslöffel „Miracel Whip"
Salz und Pfeffer

Zubereitung:

Die Eier hart kochen, abkühlen lassen, schälen und mit der Gabel komplett zerdrücken. Die Zwiebeln klein schneiden und untermischen. Dann „Miracel Whip" hinzufügen, alles vermischen und mit Salz und Pfeffer abschmecken.

Von Heidi Vogt, 33649 Bielefeld

LAMMBRATEN (4 Personen)

ZUTATEN: 1 kg Lamm- od. Hammelkeule
2-3 große Zwiebeln
2 Tassen Rotwein
4 Tassen Wasser
1 Scheibe Brot (ungekörnt)
1 Scheibe Honigkuchen (ca. 1,5 cm breit)
3 Teelöffel Tomatenmark
2 Teelöffel gekörnte Brühe
2 Bananen
125 ml süße Sahne

GEWÜRZE: Curry
Muskat
Olivenöl
Paprika
Pfeffer
Salz
Senf
Selleriesalz

Lamm- od. Hammelkeule mit Curry, Muskat, Paprika, Pfeffer und Senf von allen Seiten einreiben und in sehr heißem Olivenöl anbraten (etwas Salz ins Öl geben). Nach allseitigem Bräunen 2-3 große Zwiebeln dazugeben und glasig werden lassen. Anschließend 2 Tassen Rotwein und 4 Tassen Wasser hinzufügen, dann 1 Scheibe Brot und 1 Scheibe Honigkuchen einbröckeln. Die 3 Teelöffel Tomatenmark, Selleriesalz, 2 Teelöffel gekörnte Brühe und 2 Bananen zugeben. Im Ofen dann bei 200° Grad 90 Minuten schmoren lassen (Deckel drauf). Fleisch rausnehmen und klein schneiden. Soße anschließend passieren und 125 ml süße Sahne unterrühren. Abschmecken.
Reis dazu servieren.

(Anmerkung: Dieser Lammbraten hat nicht diesen typischen Lammgeschmack!)

Ich wünsche guten Appetit!

SIMONE MEIER
Dornberg

Kaninchen in Estragon-Sahnesauce

Mein Lieblingsrezept zur Zubereitung von Kaninchen

Zutaten:

1 bratfertiges Kaninchen
Salz, Pfeffer
5 El Öl
25 g Butter
2 kleine Zwiebeln
1/8 l Fleischbrühe
1/8 l Weißwein
1 Zweig Estragon oder 1 Teel. getrockneten Estragon
1/8 l Sahne
2 cl Weinbrand

Zubereitung:

Das Kaninchen in mehrere Stücke teilen, mit Salz und Pfeffer einreiben und rundum mit dem Öl scharf anbraten. Die Butter zugeben und die gewürfelten Zwiebeln im Fett glasig werden lassen. Mit Brühe und Weißwein ablöschen, die Hölte der frischen Estragonblätter kleingehackt, den Rest am Stiel zugeben. Falls getrockneter Estragon verwendet wird, noch etwas zwischen den Fingern zerreiben und unterrühren. Eine Stunde im zugedeckten Schmortopf garen.

Das Fleisch herausnehmen und warmstellen. Den Fond mit Sahne verrühren, einmal aufkochen lassen und mit Salz, Pfeffer und Weinbrand abschmecken. Das Fleisch wieder zugeben und im Schmortopf servieren, oder auf einer Fleischplatte und die Sauce in einer Sauciere.

Dazu gibt es grüne Bohnen, Salzkartoffeln oder Pommes Frites und einen kräftigen Landrotwein.

Guten Appetit!

Arnold Küven

Pumpernickel = Bielefelder Gold

Der Heepen Happen

Mango-Lachscreme auf Pumpernickel

1 Mango, 200gr Lachs, geräuchert, 200gr. BlfdGold, Dill

Mango entkernen, in Würfel schneiden und mit dem Lachs im Mixer pürieren. Auf Pumpernickel servieren und Lob einstreichen.

Bielefelder Bullen

Pumpernickel-Trüffel

150gr. Bitterschokolade, 125gr. Butter, 2 Scheiben Pumpernickel, 2cl Ramazotti; Kakaopulver

Pumpernickel hacken und Ramazotti dazugeben. Schokolade im Wasserbad schmelzen und mit der Butter vermischen. Pumpernickel dazugeben und 1 Std kalt stellen. Kleine Kugeln formen und in Kakao wälzen. Feine Sache!!!

Schildescher Gesamtschulen Schnitte

Pumpernickel auf Milchschnittengröße zuschneiden. Quark + Honig mischen bis eine cremige Masse entsteht. Auf die Schnitten verstreichen und zusammen klappen. Fällt bis zur 7. Klasse nicht auf.

Sparrenburger Schlemmplatte

oder Hackfleisch auf dem Blech

Der Partykracher für arme Ritter

1750 gr. Hackfleisch, 4 Eier, 3 Brötchen, 3/4 Flasche Zigeunersauce, 1 Dose Pilze, je 2 grüne + 2 rote Paprikaschoten, 200 gr. Dörrfleisch, 3 gr. Zwiebeln, Salz, Pfeffer, Paprikapulver

Hackfleisch, Eier, eingeweichte Brötchen mischen, mit Pfeffer, Salz + Paprikapulver würzen. Die Masse auf einem Blech verteilen. Paprika + Zwiebeln dünsten, das Dörrfleisch würfeln und anbraten. Zigeunersauce auf dem Hackfleisch verteilen, die Pilze oben drauf geben, Paprika verteilen, zum Schluss die Zwiebeln. Bei 250 Grad, 30 Minuten backen und mit Weißbrot + Bier servieren.

Gutes Gelingen wünscht

Ingo Oschmann – Comedian

Pumpernickelcreme

Rezept für 10 Personen

5 Eigelb
400 ml Milch
1 1/2 Vanilleschote
300 g Zucker
8 Blatt Gelatine
40 g geröstete Mandeln gemahlen
3 EL Rumrosinen
200 g gemahlenes Pumpernickelbrot
400 ml Sahne

Vorbereitungen:
Rosinen waschen und mit Rum tränken, Pumpernickel fein zerbröseln, Gelatine einweichen.

Herstellung:
Die Milch mit der ausgedrückten Vanilleschote aufkochen und warm stellen. Eier und Zucker vermischen/aufschlagen. Die Gelatine ausdrücken und unterheben, danach die Masse kalt schlagen.
Sahne schlagen und unter die Masse heben. Die Rosinen zerkleinern, mit den Mandeln und Pumpernickelbrösel unter die Masse geben. Danach in Portionsgläser abfüllen und kalt stellen.

Friedrich Diekmann
Brenner Hotel Diekmann

Putenrouladen (4 Pers.)

4-8 Scheiben, dünn geschnittene Schnitzel
4-8 Scheiben, rohen, milden Schinken
Senf (v. Dijon)
Oel z. Anbraten

Soße: 1/4 l Brühe
1 Becher Sahne
1 Teel. Curry
z. verfeinern - Aromat - Pulver (knorr)
n. Belieben fr. Tymian

Zubereitung: Die dünn geschnittenen Schnitzel, mit Senf bestreichen, mit jeweils 1 Scheibe Schinken belegen, einrollen. Mit Rouladennadeln o. Zahnstocher befestigen.
In heißem Oel, von allen Seiten anbraten, Brühe zugießen, und ca 20-30 Min. leicht köcheln lassen. Sahne zugeben, sowie Gewürze, nochmals abschmecken. Etwas mit Mehl binden.
Dazu: Reis und Erbsengemüse

Guten Appetit

Katharina Sagewka
33604 Bielefeld
Sieker
HW - Meisterin

Karina's Radieschenblätter-Süppchen
(für 2 Personen)

Das brauchen wir:

Blätter von einem Bund Radieschen

1/2 El Butter

1 mittelgroße Kartoffel

1/2 Liter Gemüsebrühe (z. B. aus 1/2 l Wasser und einem Gemüsebrühwürfel)

ein wenig süße Sahne

Kräutersalz, frisch gemahlener Pfeffer (nach Geschmack weiß oder schwarz)

Toastbrot

1 Topf mit 1 bis 1,5 Liter Volumen und Topfdeckel, 1 Kochlöffel zum Umrühren

1 Pürierstab (wer keinen Pürierstab hat, kann später alles mit einer Gabel zerdrücken, wird dann aber nicht so sämig)

Das, was andere „entsorgen" wird durch mein Rezept zu einer Gaumenfreude; und los geht's:

Blätter von einem Bund Radieschen waschen und mit Küchenpapier trockentupfen.
Es sollten nur einwandfreie Blätter verwendet werden (am besten aus biologischem Anbau, da kann man sicher sein, dass auch nichts gespritzt wurde).

Die Stiele und Blattmittelnabe nach oben „abziehen", also entfernen. Die sortierten und bearbeiteten Blätter übereinander legen (ergibt ca. 4 kleine Stapelchen) und alles in Streifen schneiden.

Eine Kartoffel gründlich bürsten oder schälen, dann in winzig kleine Stückchen schneiden.
in einem Topf ca. 1/2 Esslöffel Butter zerlassen (kann auch Öl sein, mit Butter ist der Geschmack aber intensiver) und die Kartoffelstückchen kurz anbraten, dabei immer gut umrühren, damit nichts anbrennt.

Einen kleinen Teil der geschnittenen Radieschenblätter für spätere Dekozwecke zurück behalten, alle anderen zu der Kartoffel in den Topf geben und kurz andünsten.

Alles mit 1/2 Liter Gemüsebrühe aufgießen und zum Kochen bringen, dann die Temperatur runterschalten und alles 15 bis max. 20 köcheln lassen (dabei Topfdeckel nur zur Hälfte auf den Topf legen); zwischendurch ggf. umrühren.

Den Herd ausschalten, den Topf von der Kochstelle nehmen und alles mit einem Pürierstab pürieren, dabei einen kleinen Schuss süße Sahne hinzufügen, damit alles sämig und leicht cremig wird. Wer keinen Sahne verwendet, sollte auf jeden Fall noch einen kleinen Schuss Wasser hinzufügen.

Nun das Süppchen mit frisch gemahlenem Pfeffer und evtl. etwaas Kräutersalz abschmecken.

Alles in zwei vorgewärmte Teller füllen und die restlichen Radieschenblätterstreifen als Dekoration auf die Suppenoberfläche verteilen. Nach belieben mit Vollkorn- oder Weißmehltoast servierten. Kühles perlendes Mineralwasser oder Weißwein dazu trinken.

Lecker!!

Karina Schlensog

Überbackenes Schweinefilet mit Senf-Sahnekruste

(6 – 8 Personen)

Für die Soße

800 g Zwiebelringe in

2 EL Margarine dünsten, bis sie fast weich sind.

1 Schuss Weinessig dazugeben, weiter rühren bis die Flüssigkeit verdampft ist.

2 Becher Crème fraîche unter die Zwiebeln rühren und weitere 5 Minuten köcheln lassen.

8 – 10 TL Senf untermischen, mit Salz und Pfeffer und einer guten Prise Zucker abschmecken.

Tipp: Die Soße kann gut einen Tag vorher zubereitet werden.

1 kg Schweinefilet bzw. Schnitzel mit Salz und Pfeffer würzen (Schnitzel auf Filetgröße schneiden).

16 – 20 Scheiben dünnen Schinkenspeck um das Fleisch wickeln. Die Fleisch-Schinken-Päckchen in eine gefettete Auflaufform setzen. Zwiebel-Senf-Soße darauf verteilen.

Im Backofen bei ca. 200 Grad 40 – 45 Minuten überbacken.

Tipp: Dazu schmeckt Kartoffelbrei besonders gut!

Margret Schierhorn aus Gellershagen

YAMIE-YAMIE-CURRYNUDELN

...Mmmmhhh, ganz lecker!!...

(für vier Personen)

4 Bund Frühlingszwiebeln

4 Gläser Pfirsiche

500 Gramm Nudeln

Salz und Curry, Apfelessig

Die Nudeln in gesalzenem, kochendem Wasser garen.

Währenddessen:

Die Frühlingszwiebeln putzen, in kleine Ringe schneiden und in einer großen Pfanne mit etwas Öl andünsten. Wenn die Frühlingszwiebeln weich sind, mit Currypulver bestreuen. Die zerkleinerten Pfirsiche samt Pfirsichwasser dazugeben. Mit Pfeffer, Salz und Apfelessig abschmecken und köcheln lassen.

Die gegarten Nudeln dazugeben, bei geschlossenen Deckel ein bisschen weiterköcheln lassen und dann:

MMMMHHH...YAMIE-YAMIE!

Guten Hunger wünscht
CHRISTINA SCHEUER - RADIO BIELEFELD

Stielmuseintopf "Knisterfinken"

__Zutaten__

für 4 Personen

- 1 kg Stielmus
- 30 g Butter
- 30 g Mehl
- 250 ml Milch
- 750 g Kartoffeln, gekocht

Salz
Muskat
Pfeffer

__Zubereitung__

Die Blätter abstreifen und die Stiele in 3 cm lange Stücke schneiden.

In Salzwasser aufkochen, 5 Minuten garen und abgießen.

Aus Butter und Mehl eine helle Schwitze bereiten, mit Milch ablöschen

und kurz durchkochen lassen.

Die Kartoffeln würfeln. Die Soße würzen und mit den Kartoffeln mischen.

Durchziehen lassen. Dazu reicht man Bratwurst oder Speckpfannekuchen.

Dieses alte Gericht wird im Frühjahr gegessen, da man dazu dann

die zarten Stiele der Mairüben verwendet

Guten Hunger!

Ihr Bielefelder Leineweber

Tirami su

Mascarponecreme (Venetien/Toskana)

1) 4 Eigelb mit 4 EL Zucker in eine Schüssel geben, mit einem Handrührgerät auf höchster Stufe schaumig schlagen.

2) Löffelweise 500g Mascarpone unterziehen. Mit fein abgeriebener Schale einer Zitrone würzen.

3) Eine flache Form bereitstellen. 2 Täßchen kalten Espresso mit 4 cl Weinbrand mischen. Die Hälfte der 150 g Löffelbiskuit nacheinander ganz kurz hineintauchen. Boden der Form damit auslegen.

4) Die Hälfte der Mascarponecreme aufhäufen, glatt streichen. Übrige Biskuits ebenfalls kurz in den Espresso eintauchen, einschichten, restliche Creme einfüllen.

5) Zugedeckt 5 Std. in den Kühlschrank stellen. Vor dem Servieren mit ungesüßtem Kakaopulver bestäuben.

Rezept von: Norbert Müller, BGW Chef

"Ubbedisser Vanilletraum"

Zutaten:
- 2 P. Vanillepudding
- 1 l Milch
- 2 B. Schlagsahne
- 1 Tafel Bitterschokolade
- 1 Tafel Vollmilchschokolade
- Zucker
- Vanillinzucker

Zubereitung:

Pudding nach Packungsangabe zubereiten, in eine Schüssel gießen. Während des Abkühlens immer wieder umrühren, damit sich keine Haut bildet.
Die Sahne mit Vanillinzucker steif schlagen.
Die Schokolade hacken und unter die Sahne heben. Wenn der Pudding abgekühlt ist, die Sahne-Schoko-Mischung unter den Pudding heben.
Dazu passt frisches Obst je nach Jahreszeit!

Bettina Wittemeier
Radio Bielefeld

Westfälischer Jägertopf

Zutaten für 10 Personen

2 kg	Geschnetzeltes vom Schwein
1 Paket	Maggi Würzmischung Nr. 1
2 Pck.	Chester Schmelzkäse
3 Stg.	Porree (klein schneiden)
4 gr. Ds.	Champignons
2 Streifen	geräucherter Speck
6	Zwiebeln
3 Pck.	Jägersauce
1 Liter	Sahne

Zubereitung

Fleisch mit der Würzmischung vermengen und in einen geölten Bräter geben. Käse, Porree und Pilze darauf verteilen. Speck und Zwiebeln in Würfel schneiden, dünsten, abkühlen und über die Pilze geben. Jägersauce mit Sahne verrühren und über den Topf verteilen. Alles 24 Stunden im geschlossenen Topf möglichst kühl ziehen lassen.

Anschließend 90 Minuten im Backofen bei 200 Grad mit geschlossenem Deckel braten. Vor dem Servieren durchrühren und noch etwas ziehen lassen.

Beilagenempfehlung

Bandnudeln oder Stangenweißbrot
grüner Salat

Guten Appetit wünscht

Matthias Paatsch

Fleischerei Horstmann

Kotelett Maria

4 Koteletts

1 Zwiebel klein schneiden in
Fett dünsten. Dann

2 Eßl. Zucker
2 Eßl. Zitronensaft
2 Eßl. Essig
1 Teel. Salz
2 Teel. Senf
½ Teel. Pfeffer
½ Teel. Paprika (edelsüß)
1 Messerspitze Currypulver
1 Eßl. Worcestersoße
3/4 Tasse Schaschlikketchup
1 Tasse Wasser
Kurz aufkochen lassen, Kotelett rein
legen und im Backofen bei 200 Grad
1 Std. backen.

Guten Appetit

Elke Fischer

WIENER SCHNITZEL

Für 4 Personen

4 Schnitzel aus der Kalbsoberschale (je ca. 150 g) Salz, schwarzer Pfeffer aus der Mühle, 2 Eier, 100 ml Sahne, 100 g Weizenmehl, 150 g Semmelbrösel, 250 g Schweine- oder Butterschmalz, 2 Zitronen und zum garnieren 1 Bund frische Petersilie.

Die Kalbschnitzel unter kaltem Wasser waschen und trocken tupfen. Dann die Schnitzel unter oder in einer Klarsichtfolie vorsichtig dünn ausklopfen, aus der Folie nehmen, salzen und leicht pfeffern. Eier und angeschlagene Sahne in einer Schale mischen. Jetzt die Schnitzel mehlieren, durch die Ei-Sahne-Mischung ziehen (gut abtropfen lassen) und mit Semmelbrösel panieren. Das Schmalz in einer Pfanne erhitzen und die Kalbschnitzel etwa 3 Minuten von beiden Seiten goldgelb braten. Die fertigen Schnitzel aus der Pfanne nehmen und auf Küchenpapier abtropfen lassen auf einem Teller mit einer halben Zitrone und etwas Petersilie garnieren.

Als Beilage empfehlen sich Bratkartoffeln und Gurkensalat

Chef-Koch der Gaststätte VAHLE

Kartoffelauflauf von Holger

2 kg Pellkartoffeln – in Scheiben schneiden
3 Becher Schnippel-Schinken
2 Gemüse Zwiebeln
2 Eier
2 Becher süße Sahne
1 Becher saure Sahne
Pfeffer, mildes Paprika, ohne Salz!
} Eiermilch verquirlen

200 g Raspel-Käse
etwas Paniermehl
} mischen

Backofen vorheizen, 200°, Kartoffeln, Schinken, Zwiebeln in gefettete Auflaufform abwechselnd schichten – Eiermilch darüber gießen – Käse-Gemisch als Belag obenauf – unterste Schiene Backofen 200°, ca 1 1/2 Stunden, soll knusprig braun werden, evtl. Schutz mit Alu-Folie

Gutes Gelingen und guten Appetit!

Zur Erinnerung an unser 1. Treffen 1996 & unser Pflegekind Dustin – von Andrea Neustock aus Jöllenbeck

Tsatsiki

1 gr. grüne Gurke grob in ein Sieb reiben.
Mit
1/2 TL Salz bestreuen u. etwa 1 Std.
abtropfen lassen.
2 Knoblauchzehen fein hacken u. mit den
ausgedrückten Gurken
unter
450 g türkischen Joghurt 10 %
rühren, und mit
Pfeffer und etwas
Zitronensaft abschmecken.

Gekühlt servieren.

Tipp: Den Joghurt über Nacht abtropfen
lassen.
Die Kerne der Gurke auskratzen

Rainer Everbeck - Bielefeld Mitte

Curryauflauf

Zutaten

21/2 Pfund Schweinefilet
½ Liter süsse Sahne
7 (reife) Deliciousäpfel
200 Gramm geriebenen Käse
6 Esslöffel Tomatenmark
5 Teelöffel scharfen und milden Curry
Salz, Pfeffer, etwas Butter

Zubereitung

Filet in ein Zentimeter dicke Scheiben schneiden, kurz anbraten und würzen.

Äpfel in Scheiben schneiden.
Auflaufform ausfetten.

Filetstücke und Apfelscheiben fächerförmig in die Auflaufform legen; die letzte Schicht sollten Äpfel sein.

Zur Zubereitung der Sauce Salz, Tomatenmark, Curry und Pfeffer mischen, in die Sahne geben und über die Filetstücke und die Apfelscheiben verteilen. Den geriebenen Käse darüber streuen.

Im vorgeheizten Ofen zugedeckt bei 220 Grad 40 bis 50 Minuten backen

Dazu Reis, Stangen- oder Fladenbrot reichen

Erwin Südfeld
Polizeipräsident in Bielefeld

Eisbeincarpaccio mit Balsamico-Bratkartoffeln und frischem Meerrettich

Zutaten

- 1 gepökeltes Eisbein (reicht mindestens für 4 Portionen)
- 1/8 - 1/4 l. trockener Weißwein
- 1 Zwiebel
- 1 - 2 Lorbeerblätter
- ca. 10 Pfefferkörner
- ca. 5 Wacholderbeeren
- 2 - 3 Kartoffeln
- 2 - 3 EL Balsamico
- etwas Blattpetersilie
- Pfeffer
- Salz
- 2 - 3 El Olivenöl
- etwas Weißweinessig
- Prise Zucker
- frischer Meerrettich

Zubereitung

Das gepökelte Eisbein in einem Sud aus Wein, Wasser, Zwiebel, Pfefferkörner, Wacholderbeeren und Lorbeerblatt ca. 3/4 Stunde köcheln, anschließend erkalten lassen, den Großteil des Fettes wegschneiden und das verbliebene weitgehend schiere Fleisch in dünne (gut 1 mm) Scheiben schneiden und carpaccio-ähnlich auf einem flachen Teller verteilen.

Eine Vinaigrette aus Olivenöl, Eisbeinfond, Essig, Pfeffer, Zucker und Salz herstellen und vorsichtig auf den Eisbeinscheiben verteilen, ggf. etwas schwarzen Pfeffer aus der Mühle überstreuen.

Die Kartoffeln schälen und in dünne Scheiben (2 - 3 mm) schneiden und in Olivenöl kräftig braten, pfeffern und salzen. Sobald die Kartoffeln gar und kross sind, mit dem Balsamico ablöschen, etwas klein geschnittene Blattpetersilie hinzugeben, vermischen und mittig auf die bereits marinierten Eisbeinscheiben legen. (Achtung: keine zusätzliche Flüssigkeit aus der Pfanne übergießen!)

Abschließend ggf. noch mit etwas gehackter Blattpetersilie ausdekorieren und vor allem etwas frischen Meerrettich überraspeln.

Hans-Hermann g. Strathmann
Bielefelder Stüben

Frankfurter Kranz

1. Zutaten für den Kranz :

300 g Mehl 250 g Zucker 1 Vanillin-Zucker
1 Pä Backin 5 Eier 4 Eßl Wasser 1 Prise Salz

5 Eigelb und Zucker schaumig schlagen
Eiweiß steif schlagen und alle Zutaten mischen

Backen bei 160 Grad ca. 30 min. Später 3 x durchschneiden

2. Zutaten für die Füllung :

1. Buttercreme :
¾ l Milch und ¾ Pfund Butter mit 2 Pä Vanille Puddingpulver aufkochen
in die fertige Buttercreme 1 Fl. Rumaroma geben

2. Braune Masse :
45 g Biskin in einem Topf schmelzen
30 g Kakao und 50 g Puderzucker darin auflösen
1 Ei in der warmen Masse verrühren, bis alles glatt ist

3. ca. 3 Eßl. Johannisbeergelee mit etwas Wasser streichfähig machen

100 g gehackte Mandeln bräunen

3. Zum Schluss :

den unteren Boden mit Buttercreme bestreichen
den ersten Ring mit dem Johannisbeergelee
den zweiten Ring mit der Kakaomasse
den dritten Ring und den Rest des Kuchens wieder mit Buttercreme bestreichen
dann den Kranz mit den Mandeln bestreuen

Schön durchziehen lassen!

Stephanie Delius

Grünkohl-Auflauf

für ca. 4 Personen

Zutaten:

1,5 kg	Grünkohl	2	grobe Mettwürste
250 g	Zwiebeln	1 EL	Haferflocken
2 EL	Speiseöl		Pfeffer + Salz
250 g	Möhren	500 g	Pellkartoffeln
250 g	Kassler	3	Eier
		150 g	Sahne
		125 g	Geriebener Gouda

Grünkohl waschen, in kochendem Wasser blanchieren, in eiskaltem Wasser abschrecken und grob hacken.

Zwiebeln würfeln und dünsten, geschnittene Möhren und Grünkohl hinzufügen.

Fleisch + Würste in kleine Stücke schneiden, dazugeben und 10 min. garen.

Haferflocken kurz anrösten (ohne Fett!) mit Salz und Pfeffer abschmecken und zum Grünkohl geben.

Pellkartoffeln in Scheiben schneiden und in eine gefettete Auflaufform geben, darüber den Grünkohl mit Fleisch und Wurst.

Eier mit Sahne und Gouda verrühren und über den Auflauf geben.

... und ab in den Backofen.

Temp. 200 °C Dauer: ca. 30 min.

Guten Appetit!

Martin Unabauerch
– Radio Bielefeld –

HASENBROT,
ist eine kleine Schweinerei für zwischendurch. Die hat mein Papa für meine Schwester und mich „gekocht", wenn meine Mutter nicht da war.
Hasenbrot geht ganz einfach, dazu braucht man nur die großen drei Dinge: ne Pfanne,
etwas Öl oder Margarine
und ne Scheibe Brot.

Das Öl kommt in die Pfanne (mein Papa hat es immer in der Küche verteilt ☺), da lassen wir es heiß werden. Dann schubsen wir die Scheibe Brot dazu und rösten das ganze. Je nach dem wie knusprig man es mag, kann man das Brot von hellbraun bis kohlrabenschwarz rösten.
Ich mag es am liebsten, wenn das Brot leicht hellbraun aussieht, dann ist es außen kross und innen schön weich. Ein bisschen Zucker darüber und fertig ist das Hasenbrot.

Berry Vitusek
Radio Bielefeld

Herzhafter Auflauf

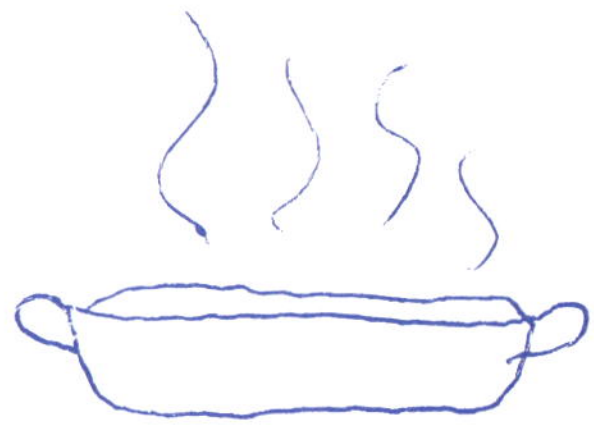

500g Gehacktes
ca 300g Kartoffeln
150g Schinkenschnippel
2 Becher Sahne
2 Becher Creme Fraiche
2 Teel. Gustin

Kartoffeln schälen, waschen und klein schneiden. Gehacktes würzen und kurz anbraten.
Sahne und C. Fraich mischen mit dem Gustin, Schinkenschnippel dazu.
Kartoffeln, Gehacktes und die Soße in eine Auflaufform geben. Bei 180° im Backofen eine Stunde backen.
Wer mag kann geraspelten Käse drüber geben,

Bettina aus Lenne

Ein Rezept für die ganze Familie
(wenn mal alle drei Töchter daheim sind)

Kaninchen nach Etrusker-Art für 5 Personen

Zutaten: 1 Kaninchen (ohne Kopf), 1 Zwiebel, 1 Möhre, je 1 Zweig Salbei und Rosmarin, 10 EL Olivenöl, Salz, Pfeffer, 100 g Frühstücksspeck, 2 Knoblauchzehen, 1/4 l Weißwein, 200 g schwarze Oliven

Zubereitung: Kaninchen in zehn Stücke schneiden, abspülen und trocken tupfen. Zwiebel und Möhre fein hacken. Salbei und Rosmarin ebenfalls fein hacken. Öl in einem Topf erhitzen. Die Kaninchenteile dazugeben und bei starker Hitze anbraten. Mit Salz und Pfeffer würzen und das Fleisch dann aus dem Topf nehmen. Frühstücksspeck in Streifen schneiden und kross anbraten. Gemüse, Kräuter und zerdrückten Knoblauch dazugeben und kurz andünsten. Fleisch wieder dazugeben. Wein dazugießen und alles eine Stunde 15 Min. bei mittlerer Hitze im geschlossenen Topf schmoren lassen. Kaninchenstücke aus dem Topf nehmen. Den Schmorsud durch ein Sieb streichen. Die Soße, Kaninchenteile und Oliven weitere 10 Min. erwärmen.

Anschließend mit einem Glas trockenen Weißwein (z.B. Terre di Tuffi) servieren und genießen!

Rainer Wend MdB
ist Vorsitzender des Ausschusses für Wirtschaft und Arbeit des deutschen Bundestages

Westfälischer Pfeffer-Potthast

Zutaten:

750 g Rindfleisch (kurze Rippe)
½ l Wasser
etwas Salz
3 kleingeschnittene Zwiebeln
1 Teel. Pfefferkörner
6 Nelken
2 Lorbeerblätter
2 Eßl. Essig oder ½ entkernte Zitrone
40 g Fett
40 g Weizenmehl
½ l Brühe
1 Eßl. Kapern

Zubereitung:

Das Fleisch waschen. Man bringt das Wasser mit den Gewürzen zum Kochen, gibt das Fleisch hinein, kocht es nach Vorschrift gar, löst es von den Knochen und schneidet es in nicht zu kleine Würfel. Aus Fett, Mehl und durch ein Sieb gegossener Brühe wird eine helle Mehlschwitze hergestellt. Man rührt die Kapern darunter und schmeckt die Soße, wenn erforderlich, noch mit Salz, Essig oder Zitronensaft ab. Das Fleisch wird in die kochende Soße gegeben. Man läßt es auf 0 noch 10 Min. ziehen. Das Gericht wird mit Salz- oder Pellkartoffeln gereicht.

Kochzeit: etwa 2 ½ Stunden

aus Oldentrup
(Mitglied des Europaparlaments und Vorsitzender des Auswärtigen Ausschusses)

Zucchini-Topf

Zutaten für 4 Personen

2 EL	Margarine
375 g	Bratwurstbrät mit Knoblauch
800 g	Zucchini
	Salz, Pfeffer
0,5 Liter	Gemüsebrühe
½ Bund	Dill
1 Becher	saure Sahne
1-2 EL	grober Senf
	Speisestärke

Zubereitung

Margarine in einem Topf erhitzen, Teelöffelweise das Brät abstechen und unter Wenden goldbraun braten, anschl. das Brät herausnehmen. Zucchini schälen und entkernen, in Stücke schneiden. Die Zucchini im Bratfett andünsten und mit Salz und Pfeffer würzen. Das Ganze mit Brühe ablöschen und ca. 15 Minuten schmoren lassen. Klein geschnittenen Dill, saure Sahne, Senf und Brät in den Topf geben und unterrühren. Evtl. mit Speisestärke andicken.

Beilagenempfehlung

Reis

Guten Appetit wünscht

Ralf Wiedmer

Fleischerei Vogel

Ungarischer Zander-Auflauf

Zutaten für 2 Personen:

- Zanderfilet 400 g • Champignons 200 g
- Fischfond 400 ml • Rote & grüne Paprika 200 g
- Paprikapulver 2 EL • Saure Sahne 200 ml
- Mehl 15 g • Petersilie 2 EL • 2 Knoblauchzehen
- Zwiebeln 80 g • Salz, Pfeffer

Zubereitung:

- Butter in Pfanne schmelzen
- Paprikastreifen, Zwiebeln & Knoblauch andünsten
- Pilze dazu geben, Paprikapulver, Salz & Pfeffer (5 Min.)
- Mit Mehl abpudern, Saure Sahne dazu, rühren
- Einköcheln, Fischfond dazu
- Auflaufform mit Butter ausfetten
- Zander in kleine Stücke schneiden & würzen
- Pfannengemüse in Form über die Filets geben
- Ca. 10 Min in den vorgeheizten Backofen (180°)

Dazu Reis oder Kartoffeln

Eet smakelijk!

Holger Höner
Radio Bielefeld

Weißkohl-Gericht für 4 Personen
Garzeit ca. 45 Minuten

1	Kopf	Kohl ca. 800–1000 g
500 g		durchwachsenen Speck oder
1		Ochsenbein oder
750 g		Rippe (wegen der Knochen mehr
4	große	Zwiebeln
2		Möhren
		Pfeffer und Salz
1	El	Kümmelpulver (oder Kümmel)
1	l	Brühe
		Salzkartoffeln

Das Fleisch in einem Topf mit den kleingeschnittenen Zwiebeln anbraten. Ab und zu wenden.
Mit Brühe ablöschen, ca. 30 Minuten garen. Danach das Fleisch eventuell vom Knochen trennen + kleinschneiden.

Den geschnittenen Kohl, die Möhren und das Fleisch schichtweise mit Salz, Pfeffer und Kümmel gewürzt in die Brühe geben.

Eventuell noch mit Wasser auffüllen + garen lassen.
Dazu reiche man Salzkartoffeln.

Guten Appetit

Lore Bartoldus
– Stadtmitte –

Lachsfiletsteaks

mit Oliven, grünen Bohnen, Sardellen und Tomaten

200 g	grüne Bohnen
20	kleine Kirschtomaten
1 - 2	handvoll schwarze Oliven
2	Esslöffel Olivenöl
	Salz und Pfeffer
4 x 225 g	Lachsfiletsteaks ohne Haut und Gräten
2	Zitronen
1	handvoll Basilikumblätter
12	Sardellenfilets

Die Bohnen im gesalzenem, kochenden Wasser blanchieren bis sie zart sind und dann abgießen. Mit den Kirschtomaten und den entkernten schwarzen Oliven in eine Schüssel tun. Olivenöl, Salz und frisch gemahlenen Pfeffer dazu tun.

Die Lachsfilets von beiden Seiten mit dem Saft von einer halben Zitrone einreiben. Auf beide Seiten Salz und Pfeffer und auf die Oberseite etwas Olivenöl träufeln. Den Ofen und ein Backblech auf der höchsten Stufe vorheizen. Die vier Filets auf die eine Seite des Bleches legen. Die Basilikum-blätter zu den Bohnen, Oliven und Tomaten geben und auf die andere Seite des Bleches tun. Die Sardellen über die Bohnen legen. Im vorgeheizten Ofen zehn Minuten garen. Mit Zitronen-vierteln servieren.

Besonders lecker mit selbst-gemachter Knoblauchmayonnaise.

Guten Appetit!

Ihre Christina Rau geb. Delius

Christina Rau, Ehefrau des ehemaligen Bundespräsidenten Johannes Rau, ist gebürtige Bielefelderin

Schnell + lecker !!

Lachsterrine „Göteborg“

Zutaten für 10 Personen:

20 g	weiche Butter
200 g	Lachsfilet
175 g	geräuchertes Forellenfilet
1 EL	Zitronensaft
Salz, Pfeffer	
1	Ei
300 g	Creme fraîche
¼ L	Sahne
1	Bund Dill

Pastetenform (oder Kastenform für Kuchen) mit weicher Butter ausstreichen – in den Kühlschrank stellen.
Lachs- und Forellenfilets grob würfeln, Zitronensaft, Salz und Pfeffer dazu geben. Mit einer Küchenmaschine oder Mixer fein zerkleinern.
Das Püree mit Ei, Creme fraîche und Sahne verrühren.
Die Farce mit Salz, Pfeffer und dem halben Bund Dill abschmecken, danach in die gekühlte Form streichen.
Die Form auf der Arbeitsfläche mehrmals kräftig aufschlagen, damit sich keine Luftbläschen in der Terrine bilden.

Backofen auf 190° vorheizen. Saftpfanne mit kochendem Wasser füllen.
Die Form in die 2. Einschubleiste von unten hineinsetzen und ca. 30 bis 40 Minuten garen.
Die Lachsterrine 2 – 3 Stunden auskühlen lassen, stürzen und mit Dill und Zitrone oder Kresse oder Lachsstreifen.... garnieren.

Die Terrine ist im Kühlschrank (mind.) 3 Tage haltbar. Auch Einfrieren ist möglich.

Doris Dettmer, Brake/Heepen

Tiramisu

Zutaten: 4 Eier (unbedingt sehr frisch)
4 Eßl. Zucker
500 g Mascarpone
1 Pack. Butterkekse
Rumaroma
Kaffee

Zubereitung:

- 4 Eigelb mit Zucker schaumig rühren
- Mascarpone und Rumaroma unterrühren
- 4 Eiweiß schlagen und unter die Masse heben
- Butterkekse in starkem Kaffee kurz tränken (Kaffee evtl. mit Amaretto aromatisieren)
- alles in einer Form schichten, mit der Creme beginnen und enden
- einige Stunden im Kühlschrank kalt stellen
- vorm Servieren mit Kakao bestäuben

Mathias Hain
Torwart Arminia Bielefeld

Quiche Lorraine

Zutaten für den Mürbeteig:

250 g Mehl
125 g Butter
1 Teel. Salz
1/2 Glas Wasser
Mit den Händen einen Mürbeteig bereiten, 20 Minuten im Kühlschrank ruhen lassen.

Zutaten für die Füllung:

100 g geriebener Käse
4 Eier
Muskat
Salz, Pfeffer
1 x Crème Fraîche
Milch (Füllung sollte leicht dickflüssig sein, also nicht zuviel Milch)
Alles miteinander vermischen.

Den Mürbeteig in eine Quiche-Form (geht auch eine andere, die sollte allerdings an den Seiten nicht zu hoch sein – ähnlich wie für eine Pizza) geben und Teig in die Form drücken.

Nach Belieben belegen mit Speck, Thunfisch oder Lachs, mit der Füllung übergießen und ab in den Ofen. Bei 180 °C rund 30 Minuten im Ofen lassen.

Und jetzt: Ran an den Speck!!

Roxane Brockschnieder

„Bielefelder" Quarkspeise

500	g	Sahnequark
1/8	l	Milch
3	EL	Zucker
125	g	Pumpernickel
125	g	halbbittere Schokolade
4	EL	Rum
1	Glas	gut abgetropfte Kirschen (200g)

Quark mit 2 EL Zucker und Milch glattrühren. In eine Schüssel Pumpernickel mit den Händen zerreiben. 1 EL Zucker und Rum dazugeben. Anschließend grob geriebene Schokolade hinzufügen. Alles gut durchmischen. Lagenweise in eine Glasschüssel füllen: Pumpernickel • Quark • Kirschen

Lasagne mit mediterranem Gemüse und Ziegenfrischkäse-Béchamel

Rezept für 10 Personen

Nudelplatten:
2 Eier
200 g Mehl
80 g Nudelmehl oder Hartweizengrieß
1 EL Olivenöl
Salz
Eier, Öl und Salz vermischen.

Das Mehl mit einem Kochlöffel unterheben. Zum Schluß mit den Händen ca. 10 Min. kräftig durchkneten.
2 Stunden ruhen lassen.
Mit der Nudelmaschine ausrollen und in Rauten schneiden.
Kurz vor dem Anrichten in kochendem Salzwasser ca. 2 Min. kochen.

Mediterranes Gemüse:
1 Zucchini
1 Aubergine
je 2 rote und gelbe Paprikaschoten
4 Schalotten
1 Bnd. Thymian
2 Knoblauchzehen
500 g Schältomaten
1 getr. Peperoncini

Zucchini und Auberginen in ca. 0,5 cm große Würfel schneiden.
Paprika halbieren, mit dem Sparschäler schälen, entkernen und ebenfalls in Würfel schneiden.
Schalotten schälen und in grobe Würfel schneiden.
Knoblauch schälen und fein würfeln.
Thymian fein hacken.
Schalotten in Olivenöl glasig dünsten, den Knoblauch und die Paprikawürfel dazu geben, mit Salz, Zucker und schwarzem Pfeffer aus der Mühle würzen, dünsten lassen.
Die Schältomaten pürieren und durch ein Sieb passieren. Auf das Paprika-Zwiebelgemüse geben.
Die Zucchini- und Auberginenwürfel getrennt in Olivenöl scharf anbraten bis sie goldbraun sind, mit Salz und schwarzem Pfeffer würzen, auf ein Sieb geben, um das Öl abtropfen zu lassen und zum Schluß zum restlichen Gemüse geben.

Ziegenfrischkäse-Béchamel
2 Schalotten
40 g Butter
40 g Mehl
600 ml Milch
1 Lorbeerblatt
Muskatnuß
200 g Ziegenfrischkäse

Schalotten schälen und fein würfel.
Butter in einem Topf schmelzen lassen, Schalotten darin glasig dünsten.
Das Mehl einrühren, langsam unter ständigem Rühren die kalte Milch dazu geben.
10 Min. unter ständigem Rühren kochen lassen.
Mit Salz, Pfeffer, Muskat abschmecken. Das Lorbeerblatt entfernen, den Ziegenfrischkäse zerbröckelt dazu geben und mit dem Pürierstab oder im Mixer pürieren.

Diese Lasagne wird nicht im Ofen überbacken, sondern erst auf dem Teller wie ein Turm portionsweise geschichtet: Gemüse, Béchamel, Nudelplatte - zwei bis drei Schichten.

Bernhard Grubmüller-
Küchenchef im „Tomatissimo".

Schweinefilet „al pesto“
Schnell und raffiniert für Gäste

1 großes Schweinefilet in dicke Scheiben schneiden. Etwas flach drücken, außen herum eine Scheibe Bacon wickeln und mit einem Zahnstocher befestigen. Die Schnittflächen mit Pesto einstreichen und 2 Std. (oder länger) ziehen lassen.
Dann im heißen Fett (Butaris) von jeder Seite 1 Minute scharf anbraten und mit reichlich Sahne ablöschen, 3 bis 5 Minuten garen lassen, wer's rosa mag, sonst länger.
Schweinefilet herausnehmen und warm stellen.
Sud einkochen lassen und falls nötig nachsalzen und pfeffern .

Gutes Gelingen und bon Apetit

Lena Strothmann

Präsidentin der Handwerkskammer und
Mitglied des Bundestages

Leineweber

Zutaten:
600g Pellkartoffeln
½ Bund Petersilie
Für den Eierkuchenteig:
125g Mehl
3-4 Eier
knapp ½ l Milch
1 gestr. TL Salz
1 Prise Pfeffer und Muskat
40g Margarine oder Öl

Zubereitung:

Pellkartoffeln abziehen und in Scheiben schneiden, Petersilie spülen und fein hacken.
Für den Eierkuchenteig Eier verschlagen und mit Mehl und Milch zu einem Teig verrühren. Mit Salz, Pfeffer und Muskat würzen. Kartoffeln in Fett kurz anbraten und in Portionen teilen. Eine Portion in der Pfanne belassen und entsprechend vom Teig darübergießen. Ca. 5 min. braten lassen und vorsichtig wenden. Dann andere Seite ebenfalls braten, anschließend warmstellen, bis alle Leineweber gebraten sind. Mit Petersilie bestreuen.

Als Beilage ein Salat der Jahreszeit.

Pfefferpotthast

Dieses Gericht wurde erstmals 1378 urkundlich erwähnt. Der Ruhm und die Beliebtheit des „Pfefferpotthast" hat bis heute nicht nachgelassen. Zu jeder typischen Hochzeit wurde er in Bielefeld serviert.

Zutaten für 4 Personen

1 kg	Rinderkamm
1 TL	Salz
750 g	Zwiebeln in Scheiben
100 g	Schmalz
10 – 15	Pfefferkörner (im Mörser zerstampft)
2	Lorbeerblätter
3	Nelken
3	Löffelkapern
1,5 Liter	Fleischbrühe
2	Zitronen (Saft und Schale)
	Semmelbrösel
	Zucker

Zubereitung

Fett auslassen und das in grobe Würfel geschnittene Fleisch darin anbraten. Zwiebeln und Brühe dazugeben und würzen. Alles ca. 2 Stunden schmoren lassen und dann mit Semmelbrösel abbinden.

Anschließend mit Kapern und Zitronensaft abschmecken. Eine Prise Zucker rundet dieses Gericht lieblich ab.

Beilagenempfehlung

Gewürzgurken
Rote Beete
Salzkartoffeln

Guten Appetit wünscht

Hans-Georg Kohlstedde

Fleischerei Kohlstedde

Mein Lieblingsrezept:
Maispuffer mexikanisch

2 kleine Dosen Maiskörner
2 Esslöffel gehackte Petersilie
3 Eier
4 Esslöffel Mehl
Salz, Pfeffer

Maiskörner abtropfen lassen und mit dem Stabmixer pürieren. Mit den übrigen Zutaten verrühren. Öl erhitzen und Puffer backen. Mit scharfer Salsa-Sosse servieren.

Regina aus Bielefeld-Stieghorst

Nutella-Torte

14 Zwiebäcke	} gut
¾ Glas Nutella (erwärmen)	} vermischen
200 g Frischkäse	}
½ Tasse Puderzucker	} verrühren
3 Esslöffel Milch	}
100 g gemahlene Nüsse	} darüber-
oder Mandeln	} streuen
2 Becher Sahne	} steif schlagen
2 Vanillezucker	} und auf die Nüsse
3 Sahnesteif	} geben
300 g Himbeeren	
¼ l Himbeersaft	} verrühren + auf die
1 Pck. Tortenguss	} Himbeeren geben

Hans R. Holtkamp ist Verkehrsdirektor
und Chef der Bielefeld Marketing

Lecker Pizza

Zutaten: 1 Tiefkühlpizza
1 Ofen

Zubereitung:
Zuerst sollte der Weg in den Supermarkt Ihres Vertrauens führen. Dort steuern Sie zielstrebig die Tiefkühlkost-Abteilung an und entscheiden sich für eine Tiefkühlpizza Ihrer Wahl. Ich persönlich favorisiere die Salami-Pizza eines namhaften Bielefelder Familienunternehmens.
Wenn Sie nun die Pizza zu Hause haben, vielleicht hatten Sie ja auch noch eine vorrätig, heizen Sie Ihren Backofen bei etwa 200 bis 220 Grad vor. Nach ein paar Minuten legen Sie die Pizza auf den Rost ins untere Drittel des Ofens. Natürlich nicht, ohne vorher Pappschachtel und Folie entfernt zu haben :-)

Nach ungefähr zwölf Minuten bei 200-220 Grad ist die Pizza fertig und kann aufgegessen werden.
Guten Appetit!

Tim Donsbach
Radio Bielefeld

PS: Dazu schmeckt ein Apfelfruchtsaftgetränk besonders lecker...

Dieses wahrscheinlich lippische Gericht ist mir aus meiner Kindheit unter dem Namen „Pellemänner mit Düppensoße" bekannt", vielleicht heißt es aber auch „Pellkartoffeln mit Deppensoße" oder völlig anders.

Für 4 Personen:

Pellkartoffeln für 8 Pers. (alter lippischer Trick, damit man noch Reste für Bratkartoffeln hat!)

100 g Speck
2 mittelgroße Zwiebeln
2 EL Mehl,
2–3 EL Essig
1–2 EL Honig
Salz, Pfeffer
1 Ei (pro Pers.)

Kartoffeln so lange kochen, bis sie essbar sind. Gewürfelten Speck in Butter auslassen, Zwiebeln anbraten, bis sie leicht gebräunt u. glasig sind (in etwa 2. Urlaubstag Mallorca). 2 EL Mehl dazu, bis es leicht gebräunt u. sich hin schwitzt.

Mit Wasser unter ständigem Rühren ablöschen, bis das Ganze die Konsistenz einer Soße hat.

Mit Salz, Pfeffer, Essig und Honig so abschmecken, daß es kräftig süß-sauer schmeckt, so wie das Leben selbst. Wenn jetzt gerade auch noch zufällig die Spiegeleier fertig sein sollten, können wir auch schon essen.

Beilage: grüner Salat od. Libella.

Guten Appetit Heinz Flottmann

Bielefelds bekanntester Hausmeister

Pasta Bolognese für Viele (10 Pers.)

500 gr. Bacon
3 große Zwiebeln
3 mittlere Möhren
300 gr. Sellerie
1,5 kg Rinderhack
Olivenöl
500 gr. Hühnerleber
1 Ltr. Rinderfond
1 kg. Passata
Rotwein
100 gr. getrocknete Tomaten
(in Olivenöl eingelegt)
Knoblauchzehen
Salz + Pfeffer
2 kg Spaghetti
0,5 kg frischen Parmesankäse

Bacon kleinschneiden, in Butter anbraten bis er hell braun ist.
Zwiebeln, Möhren, Sellerie feinhacken, dazu tun, bei niedriger Hitze 10 Min. dünsten.
Rinderhack in Olivenöl anbraten, dabei die Fleischmasse ständig zerkleinern.
Dann 500 gr. gehackte Hühnerleber dazu tun.
Fond + Passata (pürierte Tomaten) mit 2 Glas Rotwein vermischen.
Alles in großen Topf geben und auf kleiner Hitze zugedeckt köcheln.

Kleingeschnittene getrocknete Tomaten und nach Geschmack Knoblauch dazu geben. Salzen + Pfeffern.

Kochzeit: mindestens 2 Stunden, besser 4 Stunden!
Je länger, desto aromatischer wird die Bolognese.
Eventuell Flüssigkeit nachfüllen.

Parmesan frisch reiben. Ich mag ihn auch gerne grob gehobelt.

Dazu Rotwein. Ich empfehle "Doganjolo", erhältlich bei Jacques Weindepot.

Guten Appetit wünscht

Pit Clausen

Pizzasuppe für 4 Personen

400 g Gehacktes (oder Mett)
1 Dose Pizzatomaten
2 Gläser Pilze
200 g Schmelzkäse
½ Becher Sahne
2 Tüten Bolognese-Fixe z. B. von Maggi

Das Gehackte mit etwas Öl kurz anbraten. Als nächstes alle Zutaten in einen Kochtopf vermischen. Die beiden Tüten Fertigmischung nach Vorschrift dazugeben und kochen. Mit Salz, Pfeffer und Pizzagewürz abschmecken und die Suppe mit Brühe verlängern.

Guten Appetit wünscht

Andrea aus Bielefeld-Vilsendorf

Gebratenes Lachsfilet unter der Gemüsekruste an Safranschaum und Olivenpureé

900 g Lachsfilet	Lachsfilet in 200g Stücke schneiden und kaltstellen
1/2 stange Porreé	100g Lachs in Stücke schneiden und kaltstellen
2 mittlere Möhren	das Gemüse putzen, waschen und in lange
1/4 Knollensellerie	Scheiben schneiden, dann in Streifen und zuletzt noch mal in Würfel (Brunoise). Diese dann blanchieren und kalt abschrecken.

Die Farce

100 g Lachsstücke	Lachsstücke und Sahne mit Eiweiß von 1 Ei in den Mixer nach
50 ml Sahne	Bedarf würzen und zu einer glatten Masse
Salz, Pfeffer	verarbeiten und wiederum kaltstellen Alternative: Eigelb mit Creme fraîche verrühren. Dann die Farce auf die portionierten Fischfilets streichen. Die Brunoise in die Farce drücken und alle überschüssigen Gemüsewürfel an die Seite stellen. Nun die Fischfilets mit der Farceseite zuerst anbraten, dann die andere Seite kurz anbraten und aus der Pfanne nehmen und beiseite stellen.

Soße

1 kleine Zwiebel	Die Zwiebel würfeln und in etwas Olivenöl glasig dünsten.
20 g Mehl	Das Mehl anschwitzen und mit etwas Weißwein ablöschen,
Weißwein	dann etwas köcheln lassen. Den Safran und die Sahne
1 Msp Safran	dazu und wieder etwas köcheln lassen. Abschmecken durch
200 ml Sahne	ein Sieb passieren und mit der Butter und einem Pürierstab
50 ml Brühe/Fischfond	aufmixen.
50 g Butter	
Salz, Pfeffer	

Olivenpüreé

400 g geschälte Kartoffeln	Die Kartoffeln gar kochen und durch die Kartoffelpresse
150 ml Milch	in die Milch drücken mit Salz und Muskat würzen.
50 g gehackte Oliven	Butter unterrühren. Dazu die gehackten Oliven unterheben,
50 g Butter	dann in einen Spritzbeutel füllen und an einen warmen Platz stellen (Backofen).

Andreas Hoffmann

(Küchen-) Chef im „Brackweder Hof"

Spaghetti al Pesto

Zutaten für 4 Personen

2 Bund Basilikum
50 g Pinienkerne
500 g frisch geriebenen Parmesankäse
Knoblauch
ca. 175 ml Olivenöl
Salz
500 g Spaghetti

Was ein Wertgutachten für ein Haus ist, das sind Spaghetti al pesto für ein italienisches Restaurant: Erstens ob und zweitens wie dieses Gericht serviert wird, sagt mehr aus über die Qualität der gesamten Speisekarte als das Gehabe des Oberkellners oder die Vornehmheit des Interieurs. Ein einfaches Gericht, das schwer zu machen ist. Nicht nur die Zutaten zählen – die auch! – sondern vor allem kommt es darauf an, wie sie kombiniert werden.

Zunächst einmal benötigen wir jede Menge frisches Basilikum. Wir waschen es nicht (da würde ein großer Teil des Geschmacks verloren gehen), sondern zupfen die Blätter von den Stielen und entfernen, wo nötig, mit einem Küchentuch den Schmutz. Nun müsste man die Blätter eigentlich stampfen. Dazu haben wir alle keine Zeit, ich übrigens auch keine Lust. Darum nehmen wir einen Pürierstab und zerkleinern das Basilikum in einer hohen, schmalen Schüssel zu Mus. Am Ende kommt die Stunde des Knoblauchs. Je nach Geschmack, aber auf keinen Fall in zu geringer Menge, gehört er hier hinein. Anschließend träufeln wir unter fortgesetztem Rühren bestes Olivenöl dazu, bis es sich um eine sämige Masse handelt. Nun fehlt noch dreierlei: geriebener Parmesankäse (Nicht nur aus Geschmacksgründen wichtig, sondern auch weil er das Pesto an die Nudeln klebt), Pinienkerne, möglichst geröstet, reichlich Salz (bei der Menge ist zu berücksichtigen, dass wir mit diesem Salz nicht nur die Soße, sondern auch die Nudeln salzen). Alles wird noch einmal durchpüriert – UND FERTIG IST DAS PESTO!

Das Finish: Spaghetti in reichlich Salzwasser kochen, und zwar al dente. Nun muss die Soße noch mit einigen Tropfen des Nudelwassers flüssiger gemacht werden – entweder indem man das Nudelwasser abschöpft oder indem man, nicht ganz stilecht, die Soße in die Nudelschlüssel tut und die unabgeschreckte Nudeln direkt aus dem Kochtopf oben drauf. Dann transportiert man genau so viel Nudelwasser mit, wie man benötigt.

Und nun lassen wir es uns mit den grünen Nudeln schmecken.

Dr. Michael Vesper
Minister für Städtebau und Wohnen,
Kultur und Sport des Landes NRW

Kalbshaxe

Zutaten für 4 Personen

1	Kalbshaxe (1600 – 2000 g)
0,5 Liter	trockener Weißwein
5 Rispen	Beifuß, am besten frisch
1	Zwiebel
3 EL	Kartoffelmehl
	Salz, schwarzer Pfeffer

Zubereitung

Kalbshaxe mit Salz und Pfeffer kräftig einreiben, einen Bräter mit Öl vorheizen. Die Haxe von zwei Seiten scharf anbraten, die Zwiebel in Streifen und den Beifuß dazugeben. Die anderen Seiten der Haxe weiterbraten. Die Zwiebeln dürfen nicht schwarz werden.

Wenn die Haxe von allen Seiten eine leicht gebräunte Farbe hat mit dem Weißwein ablöschen, abdecken und in den auf 180 °C vorgeheizten Backofen geben. 90 bis 120 Minuten schmoren lassen.

Das Fleisch löst sich nach der Bratzeit einfach vom Knochen, in Scheiben schneiden und warm stellen.

Die Zwiebelreste und die Beifußstängel mit einer Schaumkelle entfernen, kleinere Beifußblättchen sind dabei durchaus in der Soße erwünscht.

Die Soße abschmecken und evtl. nachwürzen, wobei der Geschmack des Beifusses nicht verloren gehen darf. Das Kartoffelmehl kalt anrühren und kurz in der kochenden Soße unterrühren.

Beilagenempfehlung

Gemüse der Jahreszeit
Püree oder Salzkartoffeln

Guten Appetit wünscht

Siegfried Damisch

Fleischerei Damisch

Anni's Torte

Hier für Alle, die ihre Bekannten/Verwandten mit einfachen Mitteln beeindrucken wollen! :O)

Einkaufsliste:

1 l Milch
2 Päckchen Vanille-Pudding
1 Stück Butter (250 g)
1 Glas Nutella (halbe gibt's leider nicht)
1 Wiener Boden
Verzierzeugs

Am Vortag:

3/4 l Milch zum Kochen bringen und den Vanille-Pudding (ohne Zucker) einrühren. Deckel drauf (keine Haut) und ab in den Kühlschrank. Butter rauslegen.

Am Tag der Tage:

Mit dem Mixer die Butter bearbeiten, löffelweise Pudding einrühren.
Anschliessend 1/2 Glas Nutella unterrühren.
Die Masse auf den 3 Böden verteilen, verzieren, fertig!!

Guten Appe!!!

Annika Hoffmann aus Heepen

PS: Mama, der is so einfach, den schaffst du auch!

Torfkuchen

250 g Margarine auflösen und abkühlen lassen
4 Eigelb
200 g Zucker
1 guten Schuss Rum
1 Päckchen Vanillinzucker
1/2 Fläschchen Bittermandel-Aroma
1/2 Fläschchen Rum-Aroma
1 Prise Salz

Alle Zutaten miteinander schaumig rühren

250 g gemahlene Nüsse
3 Esslöffel Mehl
1 Päckchen Schokoladenpuddingpulver
1 Päckchen Backpulver

Alles miteinander vermengen

Eischnee von 4 Eiweiß

Vorsichtig unterheben

In ausgebutterte Kastenform füllen
Backzeit: 45 Minuten bei 200 °C
Nach dem Abkühlen mit flüssiger Schokoladenkuvertüre überziehen.

Schulleiter des Carl-Severing-Berufskollegs
für Handwerk und Technik Bielefeld

Sommerliche Gurkensuppe mit Kräuterkäse und Lachs
(Rezept für 4 Personen)

2 Schlangengurken schälen und in Würfel schneiden, 2 Zwiebeln kleinschneiden und mit den Gurken in etwas Butter andünsten, ca. 1,5 Liter gekörnte Brühe (Gemüsebrühe) aufgießen, aufkochen und ca. 5 Minuten weiterkochen lassen. Danach alles mit dem Mixer zerkleinern und mit weißem Pfeffer würzen.

1,5 Päckchen Kräuter-Schmelzkäse und 1 Schuss Sahne dazugeben.

Sollte die Suppe zu dünn sein, kann man sie mit ein wenig hellem Soßenbinder etwas nachdicken.

Danach 2 Stücke Lachsfilets (gefroren und etwas angetaut) in feine Streifen schneiden und in der heißen Suppe nur noch ziehen lassen, aber nicht mehr kochen.

Anschließend die Suppe mit einem Schuss Weißwein und etwas Zitronensaft verfeinern und mit frisch gehacktem Dill abschmecken; ein Sträußchen Dill dann noch zum Garnieren lassen.

Guten Appetit!

Heide Kickert

CHILI CON CARNE

Für 4 Personen

Zutaten:

80g geräucherter, durchwachsener Speck,
1 Zwiebel,
3 Knoblauchzehen,
1 Chilischote,
2 rote Paprikaschoten,
250g geschälte Tomaten mit Saft aus der Dose,
½ Bund Koriandergrün,
3 EL Pflanzenöl,
400g Rinderhackfleisch,
2 TL Kreuzkümmel,
Salz, Pfeffer aus der Mühle,
3 EL Chiligewürz,
250g Kidneybohnen aus der Dose

Zubereitung:

1. Den Räucherspeck in kleine Würfel schneiden. Zwiebel und Knoblauchzehen schälen und fein würfeln. Die Chilischote waschen und fein würfeln.

2. Die Paprikaschoten waschen, entkernen und in 0,5 cm große Stücke schneiden.

3. Den Koriander waschen, trockentupfen, von den Stielen zupfen und fein hacken.

4. Pflanzenöl im Schmortopf erhitzen.

5. Unter Rühren Speck-, Paprika-, Zwiebel-, Chili- und Knoblauchwürfel andünsten.

6. Das Rinderhackfleisch hinzufügen und krümelig braten. Mit Kreuzkümmel, Salz, Pfeffer und Chiligewürz würzen.

7. Die Tomaten mit dem Saft und die Bohnen mit der Flüssigkeit einrühren. Das Chili bei mittlerer Hitze und mit einem Deckel zugedeckt etwa 20 Minuten schmoren lassen.

8. Das Gericht erneut abschmecken, den Koriander einrühren und dann sofort servieren.

KNOW-HOW

Die Dauerbrenner

Die Schärfe der Chilischoten, genannt auch Peperoncini oder Piri-Piri, steckt in den Kernen. Wer den Eintopf milder mag, entfernt einfach die Kerne. Achtung: Danach sofort die Hände waschen und nicht ins Gesicht fassen!

Ralf Schulze,
Dornberg

Kirschmichel

Zutaten:
60 g Butter oder Margarine
125 g Zucker
1 Päckchen Vanillin-Zucker
3–4 Tropfen Bittermandel-Aroma
2 Eier
150 g Grieß
125 g Weizenmehl
3 gestrichene Tl. Backpulver
1/4 l Milch
500 g dunkle Süßkirschen oder Sauerkirschen

Zubereitung:
Das Fett geschmeidig rühren und nach und nach Zucker, Vanillin-Zucker, Bittermandel-Aroma, Eier und Grieß hinzugeben. Das mit Backpulver gemischte und gesiebte Mehl abwechselnd mit der Milch unterrühren. Dann die gewaschenen, entsteinten Kirschen darunter heben und den Teig in eine gefettete Auflaufform füllen.

Umluft: 160 °C

Backzeit: 50 - 60 Minuten

Veränderung: An Stelle der Kirschen beliebiges anderes Obst verwenden.

Lasst es Euch schmecken!!!

Karin Heitmann aus Ummeln

Spaghetti Olio e aglio con erbe aromatiche della Toscana

Vielen Deutschen, die nach Italien reisen und in Restaurants essen gehen, ist unter den primi piatti (erster Gang nach der Vorspeise) eine Reihe von schmackhaften Spaghetti-Gerichten begegnet. Darunter befindet sich häufig die Spaghetti-Variante olio e aglio, Spaghetti mit Öl und Knoblauch. Dieses Gericht kann man abwandeln und geschmacklich entscheidend anreichern, wenn man das Privileg eines Toscana Aufenthalts genutzt hat und in einer der schönsten Städte (z.B. Siena, Pienza, Montepulciano oder San Gimignano) in einem der schmucken, mit einheimischen lukullischen Kostbarkeiten gefüllten Geschäfte eine Mischung getrockneter toskanischer Kräutergewürze erworben hat (Paprika, Peperoni, Thymian, Peroncini, Basilikum u.a.m). Aus diesen wenigen Zutaten (Spaghetti, Olivenöl, Kräutergewürzmischung und etwas Knoblauch) kann man in wenigen Minuten ein einfaches, aber zumindest mir wunderbar schmeckendes Essen zaubern. Das geht wie folgt:

Man nehme (für vier Personen) 500 g Spaghetti und koche sie in mit (etwas) Salz und Olivenöl angereichertem Wasser al dente, d.h. sie sollten bissfest, nicht zu weich und nicht zu hart sein. Je nach Sorte wird dieser Zustand nach 8 bis 12 Minuten erreicht. Trotz Zeitangabe auf den Packungen empfiehlt sich ein rechtzeitiges Testen des Kochfortschritts.

Parallel werden – je nach Vorliebe für Öl – vier bis acht Esslöffel kalt gepresstes Olivenöl (wenn möglich, ebenfalls vor Ort erstanden) erhitzt, es darf aber keinesfalls anfangen zu brutzeln oder zu kochen. Sobald das Öl ausreichend erhitzt ist, gibt man einen gestrichenen Teelöffel der Gewürzmischung hinzu. Hat man es gerne scharf, dann kann man die Gewürzmischung im Teelöffel auch häufen, aber Vorsicht: die Mischung ist sehr scharf und man läuft schnell Gefahr, zu viel zu nehmen, was insbesondere bei Kindern nicht auf Gegenliebe stößt. Anschließend fügt man noch eine oder höchstens zwei Knoblauchzehen (gepresst oder gestückelt) hinzu.

Sind die Spaghetti al dente gekocht und abgeschreckt sowie die ölgetränkte und mit Knoblauch angereicherte Gewürzmischung ausreichend erhitzt, werden Spaghetti und Gewürzmischung zusammengeführt und serviert. Jeder Esser reibt sich frischen Parmesankäse darüber, soviel er mag, aber Vorsicht: zuviel Parmesan verdeckt den Eigengeschmack der Gewürz-Knoblauchmischung. Ein einfaches Essen, aber ich könnte mich – wie man so schön sagt – „reinlegen". Dazu gehört ein trockener Weißwein. Ein Grappa morbida (milder Grappa) sowie ein Espresso schließen das Essen harmonisch ab.

Prof. Dr. Dieter Timmermann
Rektor der Universität Bielefeld

Lachswürfel auf Kohlrabi

(Rezept für 6 Personen)

Zutaten:
600 g Lachsfilet, 2 kleine Kohlrabi (ca. 400 g), Salz, 100 ml trockener Sherry, 200 ml Weißwein, 300 ml Fisch- oder Gemüsefond, 1 Päckchen tiefgefr. Suppengrün (50 g), 2 Schalotten, 40 g Butter, 1/2 Teel. Krebsbutter, 3.4 El Sahne, 1-2 El Soßenbinder, Pfeffer, 1/2 Bund Basilikum (gehackt)

Zubereitung:
Lachsfilet würfeln und abgedeckt kalt stellen. Geschälten, in Scheiben gehobelten Kohlrabi in kochendem, gesalzenem Wasser 3-5 Min. garen. Abschrecken und abtropfen lassen. Sherry, Wein, Fond und Suppengrün aufkochen, zur Hälfte einkochen lassen. Sud durch ein Sieb geben. Schalottenwürfel in 20 g heißer Butter glasig dünsten, Sud und Krebsbutter zugeben. Aufkochen lassen, Sahne zugießen, binden und abschmecken. Lachswürfel darin 5 Min. gar ziehen lassen. Basilikum unterrühren. Kurz vor dem Servieren Kohlrabi in der restlichen Butter erhitzen, würzen. Alles Anrichten. Dazu kann man sehr gut Bandnudeln aber auch italienisches Brot reichen. Ein gut gekühlter Frankenwein hat sich dazu als passendes Getränk herausgestellt.

Guten Appetit und Prosit!

Heike aus Werther

Kohlrouladen

Lieblingsrezept Oberbürgermeister Eberhard David

Zutaten:

1 Kopf Weißkohl	Pfeffer
Salz	Muskat
250 g Hackfleisch	50 g Fett
1 bis 2 altbackene Semmeln	0,5 l Brühe
1 Ei	1 kleine Dose
1 gehackte Zwiebel	Tomatenmark
Salz	10 g Speisestärke

Zubereitung:

Weißkohl säubern, den Strunk abschneiden, in kochendem Salzwasser etwa 10 Minuten kochen, die Blätter ablösen und gut abtropfen lassen.

Aus Hackfleisch, eingeweichten und ausgedrückten Semmeln, Ei, Zwiebel und Gewürzen einen Fleischteig bereiten, Rollen daraus formen und mit Kohlblättern umwickeln. Mit Holzspießchen, gebrühten Fäden oder Rouladenklammern zusammenhalten, in heißem Fett von allen Seiten anbraten, mit Brühe auffüllen und etwa 45 bis 60 Minuten zugedeckt auf kleiner Flamme dünsten.

Rouladen auf vorgewärmter Platte anrichten, Klammern entfernen. Brühe mit Tomatenmark aufkochen, mit kalt angerührter Speisestärke binden und kräftig abschmecken, über die Rouladen gießen.

Dazu Salz- oder Bratkartoffeln, Teigwaren oder Reis und grüner Salat.

Guten Appetit!

Bielefeld, 22. September 2004

Ihr E. David

Eberhard David, Oberbürgermeister in Bielefeld

Meisterkochbrot

Zutaten:
1 kg Mehl
2 Eier
0,6l warmes Wasser
3 El Olivenöl
1 1/2 El Salz
1 El Zucker
2 Würfel Hefe
5 El gehackte Oliven

Zubereitung:
Die Zutaten in der KitchenAid mit dem Knethaken für 5 Minuten kneten lassen und anschließend 25 Minuten den Teig gehen lassen. Die gehackten Oliven zugeben und verkneten.
Bei 180°C ca. 40 Minuten backen.

Andreas Pöschel, Meisterkoch

Zwiebelkuchen/Kartoffelkuchen

Hefeteig

für ein Kuchenblech von ca 32 cm Durchmesser:
250 g Mehl, 1/2 Päckchen Hefe, 60 g Fett, Salz, etwas Milch

Das Mehl mit dem Fett (Margarine), dem Salz und etwas Milch vermengen. Anschliessend die Hefe beigeben und zugedeckt bei Zimmertemperatur ca 1 Std. gehen lassen.

Zwiebelkuchen:

Zutaten:

1-1,5 kg Zwiebeln,	125 g Fett,
Salz, evtl. Kümmel,	1 Teelöffel Mehl,
1-1/2 Becher saure Sahne,	2-3 Eier,

in Würfel geschnittener geräucherter Speck.

Die Zwiebeln im Fett glasig dünsten, Salz und je nach Geschmack Kümmel zugeben, mit einem Teelöffel Mehl abstäuben und lauwarm werden lassen.

Die saure Sahne mit den Eiern verquirlen, den Speck unterrühren und Schlussendlich mit den Zwiebeln verrühren.
Alles auf den Kuchenboden geben.

Kartoffelkuchen:

Zutaten:

400 g Kartoffeln	250 g Magerquark,
1 Becher saure Sahne	1 Becher süße Sahne
2 Eier,	80 g heiße Butter
Salz,	ca. 1/8 l Milch

Die heißen Kartoffeln pürieren. Saure und süße Sahne mit den Eiern, dem Magerquark, der Butter, Salz und Milch verrühren und danach die pürierten Kartoffeln beimengen. alles auf den Kuchenboden geben.
Nach Geschmack können in Würfel geschnittener Speck, Kümmel oder Schnittlauch oben drauf gegeben werden.

Beide Kuchen

werden bei ca. 200 °C Ober-/Unterhitze für ca 15-20 Min. im Ofen goldgelb gebacken.

Im Herbst trinkt man dazu gerne neuen Wein (Federweißer), zur anderen Zeit ein Glas leichten Trollinger (schwäbischer Rotwein)

Uwe Rapolders Lieblingsgericht

Trainer des DSC Arminia Bielefeld

Brokkolisuppe – mein Katerfrühstück

1 Päckchen Tiefkühl-Brokkoli, 1 Brühwürfel, 1 1/2 l Wasser, 1 Eigelb, Sahne, Magarine, Mehl

* Wasser in einem Topf zum Kochen bringen und den Brühwürfel darin auflösen. Mit dem Brokkoli zum Kochen bringen. Brokkoli + Brühe in einen seperaten Behälter geben. Den Topf wieder auf die Flamme stellen. Nun mit einer ordentlichen Portion Magarine & Mehl eine Mehlschwitze zubereiten (für alle die nicht wissen wie's geht: ca. „ne Hand voll" Magarine schmelzen, langsam Mehl mit einem Quirl hinzugeben, bis ein breiartiger Klumpen entsteht). Jetzt langsam, aber unter ständigem Rühren mit dem Quirl die Brühe eingießen. Zwischendurch eindicken lassen. Ganz zum Schluß die Röschen in die fast fertige Suppe geben. Zu wirklich guter letzt das Eigelb mit Sahne mischen und in die Suppe rühren. Dazu ein frisches Brötchen und mein „Katerfrühstück" ist fertig.

Vorher ein Paracetamol und dazu nen Tee. Hat bei mir fast jeden Kater gekillt.

P.S.: Wär es lieber cremig mag, nimmt etwas mehr Sahne und einen Pürierstab.

Viel Spaß!

Elisa Neumann, Bielefeld / Gadderbaum

Pflaumen- oder Mirabellenknödel

Je nach Jahreszeit werden reife Mirabellen oder Zwetschgen entkernt, in den nach Vorschrift zubereiteten Knödelteig (halb und halb) eingerollt, in kochendes Wasser gegeben und gegart.

Knödel vorsichtig aus dem Wasser heben und abtropfen lassen. In der Zwischenzeit Butter schmelzen und mit Paniermehl anbräunen. Über die Knödel geben und mit Zimt und Zucker servieren.

Davor schmeckt gut eine herzhafte Gemüsesuppe.

Für alle, die gerne Mehlspeisen essen!

Guten Appetit wünscht

Inge Schulz

Rinderfilet in Steinpilzsoße mit Tagliatelle (5 Personen)

25 g getrocknete Steinpilze, 1,25 kg Rinderfilet, 3 Eßl. Worcestersoße, 1 Teel. Kräutersalz, 1 Teel. frisch gemahlener Pfeffer, 1 Eßl. Dijonsenf, 1 Würfel Bratensaft, ¼ l Schlagsahne, ¼ l Rotwein (oder Orangensaft), ½ Teel. klare Brühe, 1 Teel. Speisestärke

1. Die Steinpilze in kaltem Wasser waschen, sie sind oft sehr sandig. Anschließend in ¼ l heißem Wasser mindestens 30 Min. einweichen. Den Backofen auf 250 Grad / Gas Stufe 5 vorheizen.

2. Das Filet mit Worcestersoße einreiben. Mit Salz und Pfeffer würzen, dünn mit Senf bestreichen.

3. In die Fettfangschale des Backofens legen und in den vorgeheizten Backofen schieben. 10 Min. braten.

4. Dann die Temperatur auf 150 Grad / Gas Stufe 1 bis 2 herunterschalten und 20 Min. weiterbraten.

5. Inzwischen auf dem Herd die Soße zubereiten: Die Steinpilze mit dem Einweichwasser in einen Topf geben. Bratensaftwürfel, klare Brühe, Sahne und Rotwein dazugeben. Alles offen etwa 10 Min. einköcheln lassen. Speisestärke mit Wasser anrühren und in die Soße rühren, einmal aufkochen lassen. Mit Salz und Pfeffer abschmecken.

6. Fleisch bis zum Anschneiden 10 Min. mit Folie abgedeckt ruhen lassen. Den ausgetretenen Fleischsaft zur Soße geben.

Lieblingsrezept von

Detlef Werner
aus Brackwede

Frische Suppe und Friko

– Resteverwertung oder two in one –

1 kg hohe Rippe (mit viel Fleisch)
3 Sandknochen
Suppengrün vom Markt (Sellerie, Möhre, Zwiebel, Lauch)
Suppeneinlage nach Jahreszeit und Geschmack
1 Gemüsezwiebel
1 kg Kartoffeln
1 kg Zwiebeln
250 ml Sahne

Zuerst die frische Suppe:

Die hohe Rippe und die Sandknochen in einem Topf mit heißem Wasser abspülen. Frisches Wasser aufsetzen, die hohe Rippe und die Knochen zum kochen bringen und nach dem Aufwallen die Hitze sofort reduzieren. das Wasser darf nun nur so eben blubbern.

Die grob gehackte Gemüsezwiebel zugeben. an den Zwiebelstückchen bleibt das geronnene Eiweiß hängen. Es läßt sich so besser nach ca. 30 Minuten abschöpfen.

1-2 Teelöffel Salz und das zerkleinerte Suppengrün (ohne das Lauch) zugeben. Nach ca. 1 1/2 Stunden Fleisch und Knochen herausnehmen und abkühlen lassen. 10 Min. vor dem Servieren den Porree und die Einlage zugeben nd mit Maggi abschmecken.

Jetzt das Friko:

Das Fleisch gut aussuchen – Fett, Sehnen und Knochen sind eine Delikatesse für den Hund – und in feine Streifen schneiden. Die Kartoffeln schölen und in Stifte schneiden. Die Zwiebeln putzen und würfeln.

In eine Auflaufform (mit Deckel) Kartoffeln, Zwiebeln und Fleisch lagenweise einschichten – zwischendurch salzen und pfeffern. Die Rinderbrühe (2 Kellen müssen bei der Suppe abgenommen und durch ein Sieb gegeben werden) und die Sahne zugeben. Alles ca. 1 Stunde bei 180 °C im Backofen garen. Nach ca. 3/4 Stunde die Garprobe machen und umrühren.

Das Friko lässt sich sehr gut vorbereiten. Es schmeckt durchgezogen oder aufgewärmt sogar besonders gut. Dazu passt gut grüner Salat, oder auch eingelegte Gurke.

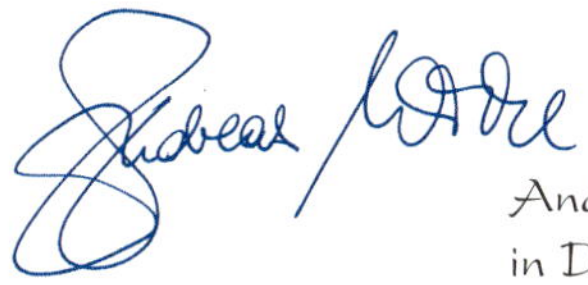

Andreas Wiebe ist Regierungspräsident
in Detmold – wohnt in Bielefeld

Blitz-Dessert: Himbeerquark
(für 12 Personen)

6 Becher Sahnequark à 250g
400g tiefgekühlte Himbeeren
(plus ca. 150g, wenn Garnitur gewünscht)
16 Päckchen Vanillezucker
3-4 Esslöffel feiner Zucker
2-4 Fläschchen Butter-Vanille-Aroma
6-8 Esslöffel flüssige Sahne (auch H-Sahne)
100-200g geschlagene Sahne (auch aus Dose)

Lassen Sie die Himbeeren auftauen. Schütten Sie eventuell entstandenen Saft ab. Den Quark verrühren Sie mit dem Vanillezucker, der flüssigen Sahne, dem Vanille-Aroma und dem Zucker. Dann geben Sie die geschlagene Sahne dazu - bitte noch einmal gut verrühren - und heben als Letztes vorsichtig die Himbeeren darunter.

Garnier-Vorschlag:
Füllen Sie den fertigen Quark in Portions-Schälchen und setzen Sie jeweils in die Mitte sowie am Rand entlang einige Himbeeren.

Tipp:
Diese - zugegeben! - „Kalorienbombe" eignet sich auch als kleine Leckerei zwischendurch oder - gut gekühlt - als Erfrischung an warmen Tagen.
Viel Spaß beim Ausprobieren wünscht
Inge Wolff

Inge Wolff „Frau Knigge" – ist u. a. Vorsitzende des Arbeitskreises Umgangsformen International

Gratinierter Spargel

Zutaten:

1 kg. Spargel
200 gr. roher Schinken
2 durchgepresste Knoblauchzehen
2 Essl. Butter
200 gr. Schlagsahne
2 Eier
150 gr. Parmesan
500 gr. Kartoffeln
Salz, Pfeffer, Muskat

Zubereitung:

Kartoffeln kochen, Spargel im Salzwasser bissfest garen. Den abgetropften Spargel in 4 Portionen teilen und jede Portion mit 2-3 Scheiben Schinken umwickeln. In eine feuerfeste Form legen und die Kartoffeln um den Spargel verteilen. Knoblauch in der Butter glasig dünsten. Vom Herd nehmen. Sahne mit Eiern, Salz, Pfeffer und Muskatnuss verquirlen. Knoblauchbutter unterrühren und über den Spargel giessen. Parmesan darüber streuen und im Backofen bei 250°C goldgelb überbacken.

So nun wünschen wir viel Spass beim ausprobieren!

Carsten, Christiane u. Tobias

Guten Appetit

Hausgemachte Sülze (für 4 Personen)

Zutaten:

1,5 kg Schinkeneisbein
2 Stück Lorbeeeblätter
60 g Jodnitritsalz oder Jodkochsalz
10 g Pfeffer
eventuell 6 Blatt Gelatine
2 Stück Zwiebeln
40 g Zucker
Essig
2 Gewürzgurken

Herstellung der Sülze:

Schinkeneisbein mit Wasser bedecken, Lorbeerblätter, 1 Zwiebel, Jodsalz oder Jodnitripökelsalz beigeben und ca. 90 Minuten langsam kochen lassen.
Wenn sich die Knochen beim Eisbein lösen lassen, diese aus dem Fond nehmen und abkühlen lassen. Die Brühe durch ein Küchensieb in einen Topf passieren. Anschließend die Knochen vom Fleisch entfernen und die Schwarten dünn abschneiden. Das erkaltete Fleisch in Würfel schneiden, ebenso 1 Zwiebel und die zwei Gewürzgurken (kleine Würfel) in eine Schüssel geben.
Die Schwarten durch einen Handwolf (fein) drehen und ganz leicht kochen, denn Sie binden das Fleisch und die Brühe ab. Wenn keine Schwarten gewünscht, werden 6 Blatt Gelantine zum Abbinden benötigt.
Fleisch, Zwiebeln, Gurken, Schwarten mit Fleischbrühe gut bedecken. Mit Salz, Pfeffer, Zucker und Essig abschmecken und in 4 Tassen füllen.
Das Ganze einen Tag erkalten und stocken lassen und später stürzen.
Als Beilage eignen sich Bratkartoffeln mit Speck und Zwiebeln und Sauce Remoulade (Rezept auf der folgenden Seite)

Sauce Remoulade

Zutaten:

4 El Homann Mayonnaise
1 Tl Kapern
Salz, Pfeffer
1 Zwiebel
1 große Gewürzgurke
1/2 Sardellenfilet
Worcester-Sauce

Zubereitung:

Gurken, Zwiebeln, Sardellen und Kapern ganz fein hacken oder mit einem Pürierstab zerkleinern.
Mayonnaise etwas Gewürzgurkenfond und Worchester-Sauce beigeben und alles gut vermengen. Mit Salz und Pfeffer würzen.

Anke Summer, Gasthof Gröppel

Hausmacher Spezialitäten

Gutes nach Bielefelder Art

Viele gute Gründe für den Fleischer Ihres Vertrauens:

Frische

Von der Produktion bis in Ihre Küche: kürzer und schneller geht's nicht! Bei uns schmecken Fleisch und Wurst so wie sie bei uns sind: Frisch! Fleisch und Wurst sollten nicht nach Verpackung schmecken und darum ist vorverpackte SB-Ware bei uns die große Ausnahme.

Qualität

Bei uns erhalten Sie noch Qualität aus Meisterhand! Wir verarbeiten Qualitätsfleisch aus Deutschland nach den Leitsätzen des Deutschen Fleischer-Verbandes. Kühlung, Produktion, Hygiene ... – kontrollieren Sie doch einfach selbst!

Gesundheit

Ernährungsphysiologisch gesehen, gehören Fleisch- und Wurstwaren zu den wertvollsten und hochwertigsten Lebensmitteln.

Wussten Sie, dass der Fettgehalt unserer Fleisch- und Wurstwaren ständig sinkt? Schnitzel, Rouladen & Co. haben beispielsweise durchschnittlich weniger als 5 % Fett. Wir verwenden keine künstlichen Farb- und Konservierungsstoffe.

Service

Durch Kompetenz und Freundlichkeit zeichnet sich unser Fachpersonal aus. Drei Scheiben – gerne, kein Problem. Grillparty, Hochzeitsfeier oder Geburtstag? – Wir helfen weiter!

Übrigens:

Unsere „Hausmacher-Spezialitäten: Gutes nach Bielefelder Art“ werden ausschließlich in unseren Fleischerfachgeschäften produziert und verkauft:

Fleischerei Heinz-Jürgen Brünger
Vilsendorfer Straße 30, 33739 Bielefeld, Telefon (0 52 06) 22 05

Fleischerei Siegfried Damisch
Osningstraße 476, 33659 Bielefeld, Telefon (05 21) 49 32 01
Filialen u. a.: Friedrich-List-Straße (Marktkauf), Hauptstraße 12

Fleischerei Eckhoff · Inhaber Bernd Schleif
Heeper Straße 187, 33607 Bielefeld, Telefon (05 21) 32 00 90
Filiale: Hauptstraße 91

Fleischerei Alfred Hartmann · Inhaber Friedrich Hellmann
Sudbrackstraße 109, 33613 Bielefeld, Telefon (05 21) 88 00 76

Fleischerei Horstmann · Inhaber Matthias Paatsch
Hofstraße 11, 33607 Bielefeld, Telefon (05 21) 27 09 28

Fleischerei Kobusch
Babenhauser Straße 336, 33619 Bielefeld, Telefon (05 21) 10 17 42

Fleischerei Hans-Georg Kohlstedde
Meller Straße 39, 33613 Bielefeld, Telefon (05 21) 6 26 32

Fleischerei August-Wilhelm Kronsbein
Amtsstraße 36, 33739 Bielefeld, Telefon (0 52 06) 22 45

Fleischerei Norbert Münch
Gütersloher Straße 308, 33649 Bielefeld, Telefon (05 21) 9 47 49 61

Fleischerei Erich Niehage · Inhaber Thomas Kohring
Am Bollholz 38, 33699 Bielefeld, Telefon (0 52 02) 9 80 40
Filialen: Spindelstraße 70, August-Bebel-Straße/Ecke Hermannstraße

Fleischerei Frank Nieweler
Am Speksel 51, 33649 Bielefeld, Telefon (05 21) 4 84 01

Fleischerei Klaus Oertmann
Schneidemühler Straße 4 (Ladenzentrum Stieghorst), 33605 Bielefeld, Telefon (05 21) 2 08 01 40

Fleischerei Dieter Rasmussen
Wellensiek 118, 33619 Bielefeld, Telefon (05 21) 10 34 43

Fleischerei Vogel · Inhaber Ralf Wiedmer
Herforder Straße 187, 33609 Bielefeld, Telefon (05 21) 3 11 74

Fleischerei Gottfried Wellmann
Stapenhorststraße 48, 33615 Bielefeld, Telefon (05 21) 13 18 23

Fleischerei Wemhöner · Inhaber Uwe Mayer
Braker Straße 57, 33729 Bielefeld, Telefon (05 21) 76 11 47
Filialen: Heeper Straße 206, Am Herrengarten 1

Fleischerei Westerheide · Inhaber Stefan Kohring
Detmolder Straße 696, 33699 Bielefeld, Telefon (0 52 02) 98 79 70

Dies & Das